Joachim Zech

DER ERTRAGREICHE OBSTGARTEN

Pflanzung, Veredelung und Schnitt der wichtigsten Obstarten

CIP-Kurztitelaufnahme der Deutschen Bibliothek

Zech, Joachim:
Der Obstgarten: Pflanzung, Pflege, Baumschnitt, Neuheiten/
Joachim Zech. – Niedernhausen/Ts.: Falken-Verlag, 1980.
(Falken farbig)
ISBN 3-8068-5100-X

ISBN 3 8068 5100 X

© 1980/1983 by Falken-Verlag GmbH, 6272 Niedernhausen/Ts.
Zeichnungen: Edith Kuchenmeister
Fotos: Joachim Zech, Mein schöner Garten (Burda), Elisabeth Hase,
Hans Winter/Mauritius, meine familie & ich
Herstellung: Oscar Brandstetter Druckerei GmbH & Co. KG, Wiesbaden

817 2635 4453

Inhalt

Vorwort

In einer Zeit, in der jeder natürlich und gesund leben möchte, ist es der Wunsch der meisten Gartenbesitzer, Obstbäume und Beerenobststräucher im Garten zu haben. Baumfrische, ausgereifte Früchte schmecken nicht nur besser, sie sind auch viel gesünder, da nur im Frischzustand und bei Vollreife der Frucht die Vitamine, Fruchtsäuren und lebenswichtige Aufbaustoffe optimal erhalten bleiben. Aber auch die Freude am Heranwachsen der Bäume und Beerenobststräucher im eigenen Garten motiviert immer mehr Hobby-Gärtner, einen Teil des Gartens als Nutzgarten zu reservieren. Ein blühender Apfel- oder Kirschbaum kann es in jeder Beziehung mit den optischen Reizen eines Zierstrauches aufnehmen, und wie interessant kann es sein, alle Stadien der Vegetation von der Blüte bis zur Frucht zu erleben. Die Pflegemaßnahmen an diesen Gartengewächsen ermuntern zu Bewegung in frischer Luft, und wenn dann von Juli bis November überall im Garten immer etwas zu ernten ist, wird jeder auf die Früchte seiner Arbeit auch ein bißchen stolz sein.

Der Obstbauwissenschaft ist es zu verdanken, daß man heute Obstbäume auch in kleineren Gärten anpflanzen kann, da die Bäume der meisten Obstarten aufgrund von schwach wachsenden Unterlagen und verbesserten Schnitt- und Pflegesystemen nicht mehr in den Himmel wachsen.

Dieses Buch soll den Obstgartenfreund umfassend über alle Pflegemaßnahmen der Obstgehölze informieren. Es soll ihm Tips geben, wie man unter Berücksichtigung von bewährten Methoden und neuen Erkenntnissen den Nutzgarten zu einem Obstparadies macht.

Joachim Zech

Einer der wichtigsten Faktoren für regelmäßigen und reichen Fruchtbehang im Obstgarten ist die Befruchtung. Manchem Hobby-Gärtner ist es nicht bekannt, daß es selbstfruchtbare und selbst*un*fruchtbare Obstarten gibt, daß also die Befruchtungsverhältnisse der verschiedenen Obstarten höchst unterschiedlich sind. Diese Zusammenhänge sollen in diesem ersten Kapitel ebenso erklärt werden, wie die Problematik der richtigen Unterlagen. Nur zu oft kauft der Obstgartenliebhaber einfach einen Baum, ohne sich über die Folgen seines Mißgriffs durch die falsche Unterlage im klaren zu sein. Die Faktoren, die zur Wahl der Unterlage entscheidend sind, werden im zweiten Teil dieses Kapitels für die verschiedenen Obstsorten erläutert.

Befruchtungsverhältnisse der Obstarten

Bei der Befruchtung wird der Blütenstaub (Pollen) durch Insekten oder auch durch den Wind auf die Narbe der Blüte übertragen. Nach kurzer Zeit bildet sich ein Pollenschlauch, der durch den Griffel bis zur Samenanlage hindurchwächst. Und dort findet dann die Verschmelzung der männlichen Samenzelle mit der weiblichen Eizelle statt, ein Embryo entsteht und entwickelt sich zur Frucht. Man kennt selbstfruchtbare (selbstfertile) Obstarten und selbstunfruchtbare (selbststerile) Obstarten. Bei den Süßkirschen gibt es sogar eine Selbstunfruchtbarkeit, Intersterilität genannt, bei der nur bestimmte Sorten einander befruchten können. Viele Obstgartenbesitzer klagen darüber, daß ihr Kirsch-, ihr Reneklodenbaum oder ihr Birnbaum keine oder nur wenige Früchte trägt. Schuld daran sind meistens fehlende Befruchtersorten, die den genetisch passenden Blütenstaub für die Befruchtung liefern können. Man sollte deshalb genau über die Befruchtungsverhältnisse der Obstarten Bescheid wissen und bei selbstunfruchtbaren Obstarten gegebenenfalls mehrere Obstsorten pflanzen, um die Befruchtung zu sichern.

Äpfel. Alle Apfelsorten sind selbstunfruchtbar. Deshalb ist es ratsam, stets mehrere Apfelsorten zu pflanzen, um beste Voraussetzungen für eine reiche Ernte zu schaffen. Der Anteil guter Befruchtersorten in größeren Obstgärten sollte um 10% betragen. Es sind Klarapfel,

James Grieve, Jonathan, Berlepsch, Cox und Oldenburg. Schlechte Befruchtersorten sind Kaiser Wilhelm und Boskoop.
Birnen. Auch die Birnen sind selbstunfruchtbar und benötigen Befruchtersorten (Pollenspender). Einige Sorten neigen zur sogenannten Jungfernfrüchtigkeit und bilden bei bestimmten äußeren Reizen (Klima oder Hormone) Früchte ohne vorhergehende Befruchtung. So kann man z. B. bei der Sorte Williams Christ durch das Hormon-Präparat Berelex noch Früchte »zaubern«, wenn die Blüten erfroren sind. Gute Befruchtersorten: Clapps Liebling, Gellerts Butterbirne, Köstliche von Charneu und Gräfin von Paris.
Schlechte Pollenspender: Alexander Lucas.
Süßkirschen. Hierbei ist die Befruchtung sehr kompliziert. Nur bestimmte Sorten passen befruchtungsbiologisch zueinander. Durch langjährige Versuche von Professor Schanderl, Geisenheim, weiß man heute, daß folgende Kirschsorten die Befruchtung für andere Sorten garantieren: Hedelfinger für Schwarze Knorpel, Kassins Frühe, Schneiders Späte Knorpel. Große Prinzessin für Maibigarreau, Hedelfinger, Große Germersdorfer. Oder Schneiders Späte Knorpel für Hedelfinger, Büttners Rote Knorpel, Große Schwarze Knorpel, Kassins Frühe, Große Prinzessin.
Sauerkirschen. Sie sind bis auf wenige Sorten, z. B. Koröser Weichsel, selbstfruchtbar. Man benötigt also nur Bäume einer Sorte, um die Befruchtung zu sichern.
Pfirsiche. Diese Frucht ist bis auf die Sorten J. Hale und Elberta selbstfruchtbar. Auch Nektarinen sind selbstfruchtbar.
Aprikosen. Sie sind in den Sorten, die in Westeuropa angeboten werden, selbstfruchtbar.
Pflaumen und Zwetschen. Die Sorten Lütselsachser, Große Grüne Reneklode und Zimmers Frühzwetsche sind selbstunfruchtbar. Bühler Frühzwetsche, Hauszwetsche, Stanley und Wangenheims sind selbstfruchtbar.
Mirabellen. Die in Westeuropa verbreitete Nancy-Mirabelle ist selbstfruchtbar.
Walnuß. Die bisher untersuchten Walnußsorten sind selbstfruchtbar.
Haselnuß. Alle Haselnußsorten sind selbstunfruchtbar. Man sollte also mehrere Sorten zusammenpflanzen, um die Befruchtung zu sichern.

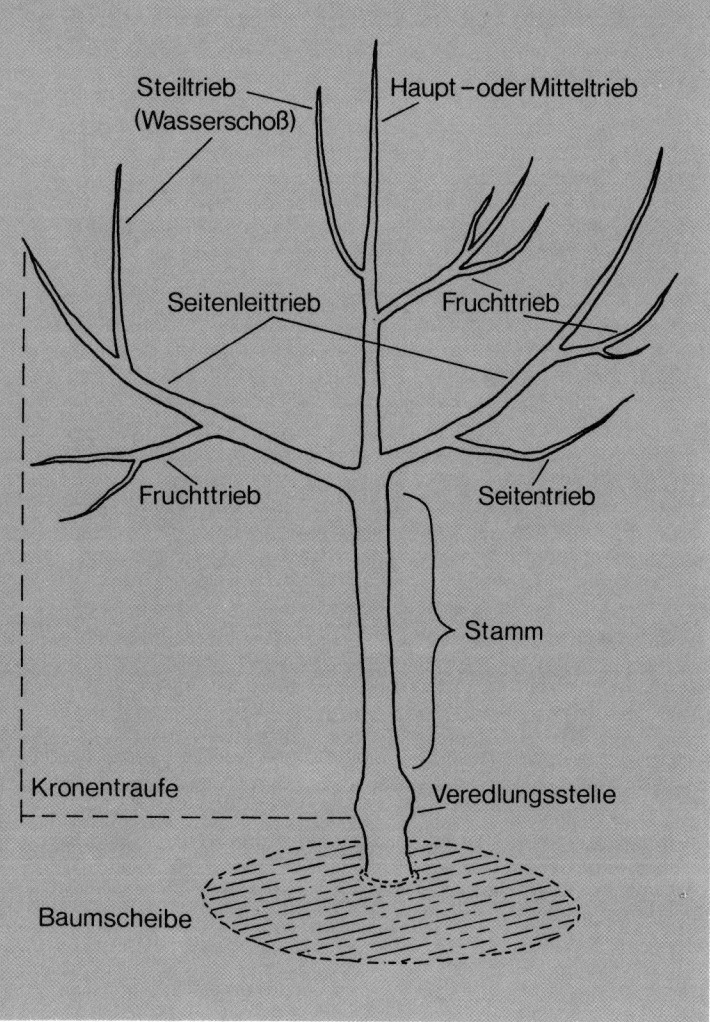

Steiltrieb
(Wasserschoß)

Haupt –oder Mitteltrieb

Seitenleittrieb

Fruchttrieb

Fruchttrieb

Seitentrieb

Stamm

Kronentraufe

Veredlungsstelie

Baumscheibe

Erdbeeren. Hierbei gibt es alle Geschlechtsformen, rein weiblich, rein männlich und zwittrig (beide Geschlechter auf einer Pflanze). Um die Erträge zu erhöhen, sollte man immer mehrere Sorten nebeneinander pflanzen.

Die Unterlagen richtig wählen

Als Unterlage bezeichnet man eine bereits bewurzelte Pflanze, auf die eine wertvollere Pflanze aufveredelt wird. Dies geschieht bei Obstbäumen bereits in der Baumschule. Die unempfindliche Unterlage soll dabei meist besseren Wuchs und bessere Bodenverträglichkeit der ganzen Pflanze erbringen. Damit ist es möglich, die guten Eigenschaften zweier Pflanzen oder Sorten teilweise zu vereinen.
Dieses Problem der richtigen Unterlagen wird leider von den meisten Obstgartenliebhabern zu wenig beachtet. Man kauft einfach einen Baum, ohne sich über die Folgen eines Mißgriffs durch die falsche Unterlage im klaren zu sein. Bis auf eine Ausnahme (Pfirsichsorte Kernechter vom Vorgebirge) werden alle Baumobstarten auf Unterlagen veredelt, die die Wuchsleistung, die Fruchtbarkeit, das Lebensalter und die Anfälligkeit des Baumes gegenüber Krankheiten und Frost bestimmen. Der wichtigste Faktor bei der Wahl der Unterlage ist die Bodenqualität. Für leichte Böden werden stark wachsende Unterlagen verwendet, für bessere und gute Böden mittelstark bis schwach wachsende. Auch der zu wählende Pflanzabstand von Baum zu Baum hängt einzig und allein von der Güte des Bodens und von der Wuchskraft der Unterlage ab. Am fruchtbarsten sind die schwach wachsenden Unterlagen. Sie bringen regelmäßige, reiche Ernten und halten das Baumvolumen in Grenzen. Genau das sind die Kriterien, die der Gartenbesitzer heute an das Baummaterial stellt. Die Unterlagen werden in zwei große Gruppen eingeteilt: Die Sämlinge, die durch Aussaat gewonnen werden, und die vegetativ vermehrten Unterlagen, also Abrisse und Absenker. Die Bäume auf Sämlingsunterlagen wachsen sehr stark und kommen erst später in Ertrag. Nur für leichte Böden! Beim Beerenobst erfolgt die Vermehrung ohne Veredlung durch Steckholz, Ableger, Ausläufer oder Wurzelschosse. Nur die Johannis- und Stachelbeerhochstämmchen werden auf Sämlinge veredelt. Die Johannisbeersorte Heinemanns Spätlese muß ebenfalls veredelt werden.

Apfel-Unterlagen
Die vegetativ vermehrten Unterlagen, sogenannte Typen, die heute überall Verwendung finden, wurden vor allem in England, in den Forschungsanstalten East Malling und Malling Merton selektiert. Deshalb die Buchstaben M und MM.
Typ M9 (Gelber Metzer Paradies). Apfelbäume auf dieser Unterlage bringen regelmäßige, frühe und sehr hohe Erträge. Die Bäume blei-

Johannisbeeren. Rote, Schwarze und Weiße Johannisbeeren sind selbstfruchtbar. Zur Erhöhung der Erträge sollte man trotzdem einige Sorten zusammenpflanzen.
Stachelbeeren sind selbstfruchtbar.
Himbeeren und Brombeeren. Beide Beerenobstsorten sind selbstfruchtbar.

ben relativ klein, sind für kleine Gärten also sehr gut geeignet. Die Unterlage verlangt gute, humose Böden und ist empfindlich gegen Staunässe oder zu hohen Kalkgehalt des Bodens. Das Lebensalter der Bäume auf dieser Unterlage beträgt etwa zwölf bis fünfzehn Jahre. Stark wachsende Sorten wie Boskoop, Berlepsch, Cox Orange, Melrose, Gloster und Jamba tragen auf dieser Unterlage regelmäßiger und reicher. M27 wächst schwächer als M9, ist aber noch nicht genug erprobt.

Typ M26. Eine Apfelunterlage, die in den letzten Jahren von sich reden macht. Sie ist genauso ertragreich wie Typ M9, kommt aber noch mit leichteren Böden zurecht. Sie wächst um ⅓ stärker als Typ M9.

Typ M4 (Holsteiner Doucin). Das ist die Standard-Unterlage für Gärten mit mittlerer Bodenqualität. Der Baum auf M4 wächst mittelstark, beginnt mit nennenswerten Erträgen ab dem dritten bis vierten Standjahr und erreicht ein Lebensalter von fünfundzwanzig bis dreißig Jahren.

Typ M7. Eine Unterlage, die die Wuchsstärke von M4 besitzt. Sie ist aber standfester und wächst nicht so steil wie M4. Sie findet auf leichteren bis mittelschweren Böden Verwendung.

Typ A2. Diese schwedische Unterlage wird für Bäume verwendet, die in Trockengebieten noch genügende Wuchsleistung und Früchte bringen sollen. A2 ist frosthart und wächst stark, bringt aber trotzdem relativ gute und gleichmäßige Erträge.

MM106. Die Apfelbäume auf dieser Unterlage zeigen eine Wuchsleistung, die zwischen M4 und M9 liegt. Die Fruchtgröße auf MM106 ist nicht so gleichmäßig und nicht so groß wie auf M9. Für leichtere Böden noch als Dichtpflanzung geeignet. Die Unterlage gilt als frosthart, virusfrei und blutlausresistent.

Sämling. Bäume auf Sämling finden nur auf leichtesten Böden oder als Hochstämme Verwendung. Die Erträge sind unregelmäßig und setzen spät ein. Die Sämlingsunterlage ist frosthart und krankheitsunempfindlich.

Birnen-Unterlagen
Sämling. Der Sämling findet im Birnenanbau häufig Verwendung. Vor allem auf leichteren Böden, in nassen und kälteren Lagen und bei hohem Kalkgehalt des Bodens gibt man dieser Unterlage den Vorzug. Birnen auf Sämling sind starkwüchsig und setzen mit dem Ertrag je nach Sorte erst nach sechs bis acht Jahren ein.

Quitte – A. Diese vegetativ vermehrte Unterlage wächst schwach bis mittelstark und eignet sich nur für gute, humose Böden ohne Staunässe oder hohen Kalkgehalt. Birnen auf Quitte tragen schon ab dem dritten Standjahr und bringen hohe Erträge. Die Quittenunterlagen sind nicht mit allen Edelsorten verträglich, deshalb schaltet der Baumschuler Zwischenveredlungen ein, das sind Sorten, die mit der Unterlage gut verwachsen (Gellerts Butterbirne oder Pastorenbirne).

Süßkirsch-Unterlagen
Vogelkirsche (Prunus avium). Dieser Süßkirschensämling ist immer noch eine der meistverwendeten Unterlagen. Bäume auf Vogelkirsche sind starkwüchsig und bilden große Kronen. Besonders gleichmäßige Selektionen sind kaum erhältlich.

Typ F12/1. Dieser englische Typ hat sich in den letzten Jahren stark in den Vordergrund geschoben, da Süßkirschbäume auf dieser Unterlage schwach wachsen, früher und reicher tragen und niedere Bäume bilden. F12/1 gilt als gummiflußresistent und verlangt gute Böden. Unterlagen wie Steppenkirsche (Prunus fructicosa) oder Weichselkirsche (Prunus mahaleb) haben sich bisher wegen Unverträglichkeitserscheinungen nicht bewährt.

Sauerkirsch-Unterlagen
Vogelkirsche (Prunus avium). Sauerkirschbäume auf dieser Unterlage werden für gute bis beste Böden verwendet. Sie wachsen mittelstark bis stark, sind langlebig und sehr ertragreich.

Weichselkirsche (Prunus mahaleb). Für leichte, sandige und trockene Standorte ist diese Sämlingsunterlage am besten geeignet. Leider ist das Saatgut nicht immer einheitlich, so daß das Wachstum der Bäume stark variiert. Einige Sorten können unverträglich sein.

Walnuß-Unterlagen
Schwarznuß (Juglans nigra). Diese Unterlage setzt sich für den Walnußanbau auch in kleineren Gärten mehr und mehr durch. Veredelte Bäume auf Schwarznuß beginnen schon nach drei bis vier Jahren mit dem Ertrag, bringen viele große Früchte und bilden kleinere Bäume mit kleineren Kronen. Leider sind diese Walnußveredlungen nicht in allen Baumschulen erhältlich. Die »Geisenheimer Baumschule« Hans Bartsch in Geisenheim am Rhein bietet sehr gute Veredlungen auf Schwarznuß an.

Walnuß (Juglans regia). Dieser Walnuß-Sämling war bisher die Standardunterlage. Vielfach werden auch nur diese Sämlinge unveredelt als Bäume verkauft. Diese Bäume kommen spät in Ertrag und sind sehr starkwüchsig.

Beerenobst
Beim Beerenobst werden lediglich die Johannisbeer- und Stachelbeerhochstämme auf Unterlagen veredelt. Verwendung finden für Johannisbeeren bestimmte Klone der Goldjohannisbeere (Ribes aureum) und für Stachelbeeren Klone von Ribes arboreum. Diese Unterlagen dienen vor allem als Stammbildner, sind mit allen Sorten verträglich und sollten nur dann verwendet werden, wenn man unter diesen Beerenobst-Stämmchen noch Unterkulturen, wie z. B. Gemüse, pflanzen will. Die Johannis- oder Stachelbeer-Hoch- oder Fußstämmchen sind meistens kurzlebiger als die Stachel- oder Johannisbeerbüsche, die immer wieder aus der Wurzelzone neue Triebe bilden.

So pflanze ich richtig

Pflanzzeit. Der Zeitpunkt für das Pflanzen der Obstbäume und Beerenobststräucher ist von der Obstart abhängig. Grundsätzlich kann gesagt werden, daß im Spätherbst gepflanzte Bäume und Sträucher im nächsten Jahr besser wachsen, da sich die Wurzeln noch bei Bodentemperaturen über 0 Grad Celsius neu bilden und die Pflanze mit mehr Wurzelwerk in das nächste Frühjahr geht. Die Bodenfeuchtigkeit ist im Winter immer ausreichend, so daß die jungen Wurzeln stets genug Wasser zur Verfügung haben. Wird erst im Frühjahr gepflanzt und die Bäume oder Sträucher kommen nach der Pflanzung in eine Trockenperiode, erleiden die Pflanzen einen Schock, der das ganze Jahr an einem zu geringen Wachstum zu erkennen ist. Ist der Boden erst einmal richtig trocken, nützt auch häufiges Gießen wenig. Allerdings befinden sich unter den in Mitteleuropa angepflanzten Obstbäumen und Beerenobststräuchern einige Arten, die aufgrund ihrer Herkunft sehr frostanfällig sind. Zu diesen Obstarten, die bei einer Pflanzung im Spätherbst unter der Kälte leiden, zählen vor allem Pfirsiche, Nektarinen, Aprikosen, Walnußbäume, Kiwis und Brombeeren. Alle genannten Arten erleiden in kalten Wintern nicht nur Holz-, sondern auch Wurzelfrostschäden, so daß unbedingt zu einer Pflanzung im März zu raten ist. Die Standortansprüche aller Obstarten sind im einzelnen unter der jeweiligen Obstart genau beschrieben.

Pflanzloch. Die Vorbereitungen des Pflanzloches haben dem Hobby-Gärtner in früheren Jahren viel Zeit und Schweiß gekostet. Riesige Löcher wurden ausgegraben, damit der Baum auch ja gleich nach dem Pflanzen die optimalsten Bedingungen vorfindet. Heute weiß man aufgrund von vielen Versuchen, daß bei einer solchen Pflanztechnik die Bäume zwar gut und schnell in den ersten Jahren gewachsen sind, dann aber im Wachstum stagnierten und oft jahrelang Kümmerwuchs zeigten. Die Wurzeln hatten sich innerhalb der Pflanzgrube in dem mit Torf und Vorratsdünger verbesserten Boden schnell ausgebreitet, waren aber dann nicht mehr im normalen Boden weitergewachsen. Um dies zu verhindern, gräbt man heute nur so große Löcher, daß die Wurzeln bequem Platz haben. Die Tiefe des Pflanzloches sollte 40 cm nicht überschreiten, da sich die Hauptwurzelmasse in den ersten Jahren in den oberen Regionen bewegt und auch bei starkwachsenden Obstsorten erst nach einigen Jahren in größere

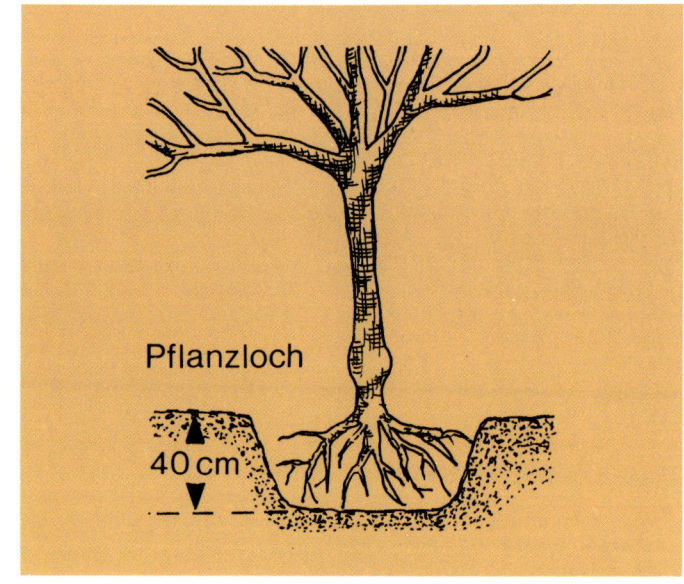

Pflanzloch

40 cm

Tiefen vordringt. Bei Bodenverdichtungen empfiehlt sich eine Lockerung der Pflanzlochsohle mit dem Spaten, um den Wurzeln den Übergang vom lockeren in den festen Boden zu erleichtern.

Pflanzerde. Die Trennung des Pflanzlochaushubes in Erde der oberen Schicht und in Erde der unteren Schicht ist unnötig, wenn das Pflanzloch nicht tiefer als 30–40 cm ist. Selbstverständlich sollte die feinere, obere Bodenschicht, die gut mit Bakterien, die zur Nährstoffaufbereitung sehr wichtig sind, angereichert ist, direkt an die Wurzeln gebracht werden. Mit dem anderen Teil der Erde füllt man das Pflanzloch auf. Bei extrem leichten Sandböden oder auch bei schweren tonigen Boden ist eine Mischung der Pflanzerde mit feuchtem Torf, den man am besten vorher in einen größeren Behälter füllt und mit Wasser übergießt, angebracht. Nach einigen Stunden ist das

Das Pflanzloch muß gerade so groß sein, daß die Wurzeln bequem darin Platz haben. Das Loch sollte nicht tiefer als 40 Zentimeter sein.

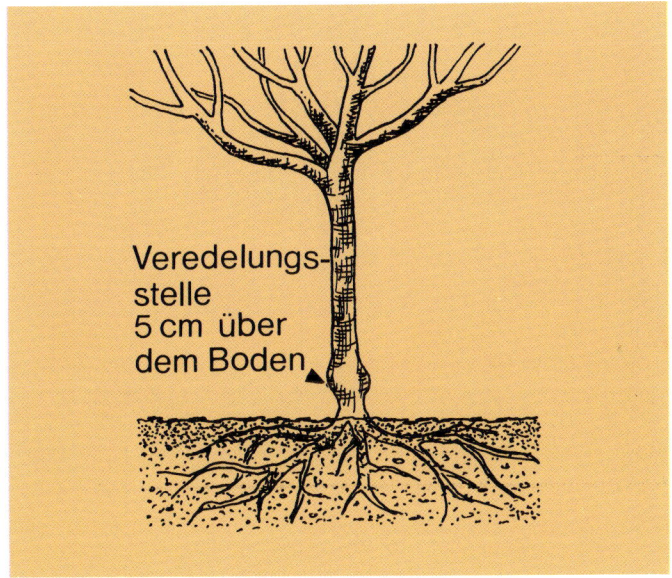

Veredelungs-
stelle
5 cm über
dem Boden

Torfsubstrat durch und durch feucht. Das Gemisch sollte etwa aus zwei Teilen Erde und einem Teil Torf bestehen. Eine Vorratsdüngung direkt ins Pflanzloch erfolgt nur bei ganz schwachen, sandigen Böden. Je nach Größe der Pflanzgrube und der Wurzelmasse des zu pflanzenden Baumes genügen eine bis zwei Handvoll eines organischen Düngers (z. B. Hornmehl, Hornspäne, Orgamin).

Wurzelschnitt. Vor dem Pflanzen werden bei Bäumen und Sträuchern die Wurzeln nur leicht zurückgeschnitten. Der Baum hat beim Roden in der Baumschule schon viel seiner Wurzelmasse verloren und sollte durch einen scharfen Rückschnitt nicht noch mehr strapaziert werden. Abgeknickte oder beschädigte Wurzelteile entfernt man mit der Baumschere. An der Färbung der Wurzeln läßt sich erkennen, ob die Bäume nach dem Roden in der Baumschule oder auf dem Transport gut versorgt worden sind. Gesunde Wurzeln zeigen beim Abschneiden immer einen weißen Markteil, bei kranken Wurzeln ist dieser Teil braun. Schwarze Wurzeln sind abgestorben und man sollte solche Bäume und Beerenobststräucher noch vor dem Pflanzen in der Baumschule reklamieren.

Pflanztiefe. Bäume werden manchmal viel zu tief gepflanzt. Das hat den Nachteil, daß später die Edelsorte Wurzeln bildet und damit die Wuchsstärke der Unterlage ausgeschaltet wird. Der Baum macht sich frei, sagt der Fachmann. Ein zu starkes Wachstum und zu geringe Erträge sind die Folge. Bei richtiger Pflanztiefe sitzt die Veredlungsstelle, die an einer Verdickung des Stammes über den Wurzeln zu erkennen ist, etwa 5 cm über dem Boden. Bei hochveredelten Bäumen, die in einer Höhe von 20–40 cm über dem Boden veredelt wurden, pflanzt man die Bäume so tief, daß die Wurzeln gut mit Erde bedeckt sind. Beim Pflanzen drückt oder tritt man, damit keine Hohlräume entstehen, die Pflanzerde vorsichtig an die Wurzeln. Anschließend wird das Pflanzloch bodeneben mit Erde aufgefüllt.

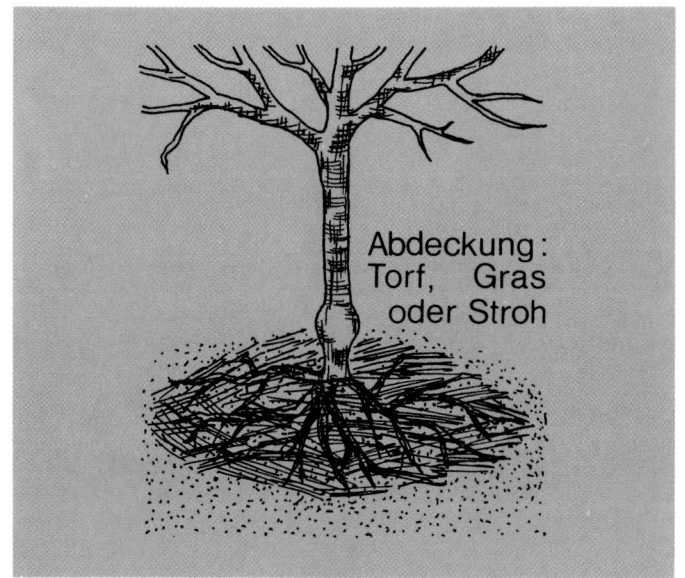

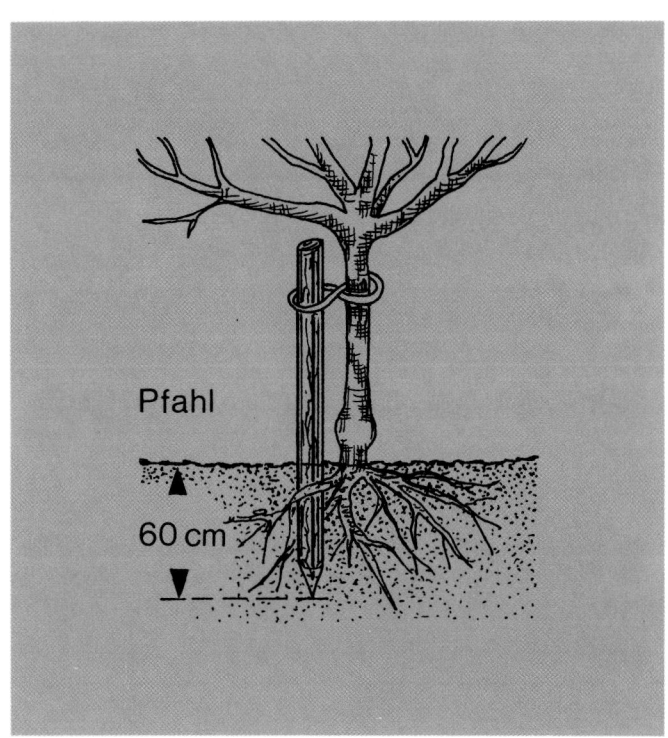

Wässerung. Um die wichtige Wässerung der Bäume und Sträucher in den folgenden Wochen zu gewährleisten, legt man einen Gießrand an, damit das Wasser in die Wurzelzone gelangt und nicht seitlich abläuft. Nach dem Wässern deckt man das Pflanzloch leicht mit Erde ab. Ein Überdecken der Baumscheibe mit organischer Masse (Stroh, Torf, Kompost, Grasmulch) ist sehr zu empfehlen, da die Feuchtigkeit unter dieser Schutzschicht sehr lange anhält.

Beerenobststräucher sollten tiefer gepflanzt werden, damit die Pflanze zusätzlich Wurzeln oder Neutriebe am Wurzelhals bilden kann.

Baumpfahl. Alle Bäume auf schwach wachsenden Unterlagen (Äpfel auf Typ M 9, M 26 oder Birnen auf Quitten) benötigen einen Baumpfahl. Dieser kann vor oder nach dem Pflanzen eingeschlagen werden. Man schlägt den Pfahl westlich vom Baum ein, damit der Wind den Baum nicht zum Pfahl hin bewegen und dadurch Reibungsschäden verursachen kann. Aus dem gleichen Grund sollte das obere Ende des Pfahles unter der Krone enden. Bewährtes Anbindematerial sind Kokosstricke oder verstellbare Kunststoffanbinder. Man bindet den Baum mit einer Achterschlinge so an den Pfahl, daß der Stamm auch in den nächsten Jahren noch genügend Platz hat. Etiketten aus Draht sollte man sofort nach der Pflanzung entfernen, da diese oft schon im zweiten Jahr in den Stamm einschneiden und den Baum zum Absterben bringen können.

Die bewährten Veredlungsmethoden

Alle Baumobstarten, mit Ausnahme der Pfirsichsorte Kerneckter v. Vorgebirge und Walnußsämlingen, können nur durch Veredlungsmethoden in ihrer Sortenechtheit erhalten werden. Würde man Kerne von Birne, Apfel, Kirsche oder anderen Obstarten in den Boden legen und keimen lassen, wäre der Baum, der daraus heranwächst, ein Wildling und keine Edelsorte. Das hat zur Folge, daß der Baum zwar stark wächst, die Früchte aber klein und wenig aromatisch sind. Die Veredlungsmethoden wendet man je nach Obstart und Jahreszeit verschieden an. Bei der Anzucht von Bäumen beschränkt man sich auf das Okulieren, das während der Sommermonate Juli-August ausgeführt wird. Die anderen Veredlungsarten kommen im zeitigen Frühjahr zur Anwendung. Für den Hobby-Gärtner wird das Rindenpfropfen die interessanteste und auch sicherste Veredlungsmethode sein. Hiermit kann man andere Sorten aufpfropfen oder auf sogenannte Wildlinge eine Edelsorte aufveredeln. Die Anwachsrate liegt auch beim Laien mit bis zu 90 Prozent sehr hoch, so daß sich das erwartete Erfolgserlebnis einstellt. Voraussetzung für das Gelingen der Veredlung ist ein frisches, fachmännisch gelagertes Edelreis. Die anderen Pfropfmethoden verlangen sehr viel Übung und bringen oft nicht die gewünschten Ergebnisse. Steinobstarten wie Zwetschen, Mirabellen, Sauerkirschen und Süßkirschen wachsen schlechter an, deshalb sollte man immer mehrere Edelreiser bei der Umveredlung größerer Äste einsetzen. Es ist zu empfehlen, bei der Umveredlung von Bäumen nicht alle Äste zu pfropfen, da sonst der Saftdruck in den abgesägten Ästen zu stark wird und der Baum stark »blutet«. Dies kann man verhindern, indem man sogenannte »Zugäste« stehen läßt, die einen Teil des überschüssigen Saftstromes aufnehmen. Diese Zugäste werden dann nach Anwachsen der Veredlung ein Jahr später entfernt oder auch umveredelt. Bis auf einige Ausnahmen, z. B. Birne auf Quitte, oder Pfirsich oder Mirabelle auf Zwetsche, kann man nur immer die gleiche Art aufveredeln, also Apfel auf Apfel oder Birne auf Birne.

Fachgerecht eingeschlagene Bäume in der Baumschule.

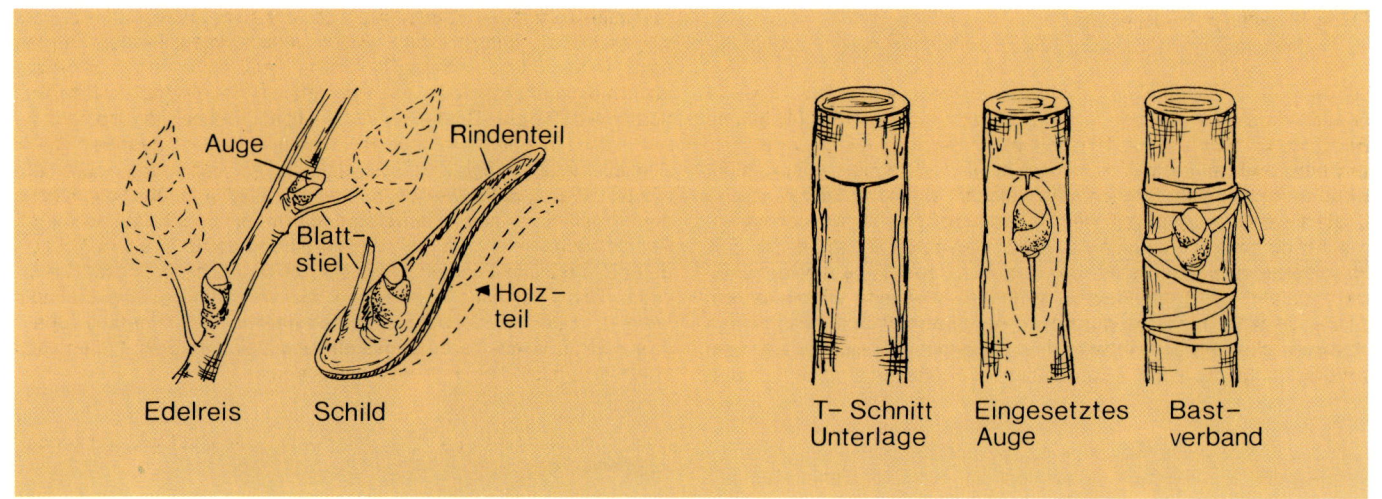

Auge
Rindenteil
Blatt-
stiel
Holz-
teil
Edelreis   Schild

T-Schnitt   Eingesetztes   Bast-
Unterlage   Auge   verband

Die Okulation

Diese Veredlungsart, auch Augenveredlung genannt, ist relativ leicht zu erlernen und bringt, wenn die Reiser frisch sind, eine Erfolgsquote von 90 Prozent. Okuliert wird von Ende Juli bis Ende August. In den Baumschulen werden mit dieser Methode die Unterlagen veredelt, und auch der Hobby-Gärtner könnte auf diesem Wege sogenannte Wildlinge, die er als Bodentriebe unter den Bäumen entfernen kann, veredeln. Diese Bodentriebe gräbt man am besten im Frühjahr mit einem Spaten so aus, daß genügend Wurzelmasse erhalten bleibt. Diese Unterlagen werden dann gleich dorthin gepflanzt, wo der Baum später stehen soll. Auch bei Rosen oder Flieder ist diese Methode mit Erfolg anzuwenden. Zum Veredeln sollte man sich ein Veredlungs- bzw. Okulationsmesser kaufen, damit die Arbeit fachgerecht ausgeführt werden kann.

Im August werden dann die Edelreiser geschnitten. Als Edelreiser kann man nur die im gleichen Jahr gewachsenen Triebe verwenden. Die Blätter werden bis auf einen kurzen Blattstiel entfernt. Die oberen und unteren Augen des Veredlungsreises nimmt man nicht zur Veredlung, da sie nicht optimal ausgebildet sind, bzw. noch nicht die nötige Ausreife erlangt haben. Die Veredlungsaugen werden von der Spitze des Reises her geschnitten. Das Reis wird so zwischen Daumen und Zeigefinger gelegt, daß die Spitze zum Körper hinzeigt. Nun setzt man das Messer ca. 1 cm oberhalb einer Knospe (Auge) an und

zieht die Klinge durch, bis sie die Knospe passiert hat. Den letzten Rindenteil kann man schneiden oder abreißen. Anschließend legt man das geschnittene Auge mit der Knospe nach unten zwischen Daumen und Zeigefinger und biegt den hinteren Rindenteil nach unten. So läßt sich dann der Holzteil in Form einer Gabel herauslösen. Dieser Holzteil darf nicht am Auge verbleiben, weil er das Verwachsen des Auges mit der Unterlage verhindern würde. Danach führt man an der Unterlage zuerst einen Querschnitt und daran anschließend einen Längsschnitt durch und löst die Rindenflügel mit dem am Veredlungsmesser befindlichen Löser leicht ab. In diese Öffnung wird dann das Auge so weit eingeschoben, bis die Knospe etwa in der Mitte des T-Schnittes sitzt. Dann wird der Rindenteil in Höhe des Querschnittes abgeschnitten. Nun wird die Veredlungsstelle von unten nach oben eng mit Bast verbunden. Das Auge (Knospe) muß selbstverständlich freibleiben. Am Querschnitt macht man eine Schlinge, steckt das Ende des Bastes zweimal hindurch und zieht nach rechts an. Der Bast muß so dicht gelegt sein, daß keine Schnittstelle mehr zu sehen ist. Der Bastverband sollte nach ca. sechs Wochen aufgeschnitten werden, damit er nicht einschneidet. Ein Verstreichen der Okulation ist nicht nötig.

Im Laufe des nächsten zeitigen Frühjahrs schneidet man die Unterlage ca. 10 cm über der Veredlung ab und bindet dann den aus dem Edelauge wachsenden Trieb an den Zapfen fest. Dieser Zapfen wird im Spätherbst über der Veredlungsstelle abgeschnitten und die Wunde mit Baumwachs verstrichen. Der 1jährige Baum ist fertig.

Das Rindenpfropfen

Für den Hobby-Gärtner ist die Veredlungsmethode interessant, wenn er ältere Bäume umveredeln will. Besonders für Kernobst (Äpfel und Birne) bietet sich hier die Möglichkeit, mit guten Anwachsergebnissen eine andere Sorte aufzuveredeln. Bis auf einige Ausnahmen, Birne auf Quitte oder Pfirsich auf Zwetsche, sollte immer die gleiche Obstart wieder aufgepfropft werden. Bei den Sorten kann man variieren. Auf einen Baum können so viele Sorten aufgepfropft werden, wie Pfropfköpfe vorhanden sind. Die beste Zeit zum Rindenpfropfen ist das Frühjahr, also Ende April bis Mitte Mai. Die Rinde sollte sich zum Zeitpunkt des Veredelns gut lösen, der Baum muß schon im Saft stehen. Die Edelreiser sollten schon im Januar-Februar geschnitten werden, damit sie noch in der Saftruhe sind. Als Edelreiser verwen-

ausgeführt und beide Rindenflügel so weit abgehoben, daß das Reis eingeschoben werden kann. Beim verbesserten Rindenpfropfen nach Wenck löst man nur den linken Rindenflügel (von oben gesehen) ab. Dafür schneidet man am Edelreis an der rechten Hälfte des Schrägschnittes die Rindenschicht leicht ab. Dieser Teil wird dann an den nicht abgelösten rechten Rindenteil (von oben gesehen) beim Einschieben angelegt. Das Edelreis sollte so weit in den Schnitt am Pfropfkopf eingeführt werden, daß auf der Rückseite über der Fläche des Pfropfkopfes noch ein halbmondförmiger Schnitt zu sehen ist. Anschließend verbindet man die Veredlungsstelle in losen Abständen mit Bast. Der Bast wird, wie bei der Okulation geschildert, verknotet und muß nach Anwachsen der Veredlung (sechs bis acht Wochen später) wieder aufgeschnitten werden. Beim Rindenpfropfen muß man die ganze Veredlungsstelle und die obere Schnittfläche des Edelreises mit Veredlungswachs verstreichen.

Nach dem Anwachsen der Veredlung wird der Bastverband wieder aufgeschnitten.

Rindenpfropfen

Verbessertes Rindenpfropfen

det man im Vorjahr gewachsene, gut ausgereifte Triebe. Diese gräbt man zur Aufbewahrung an einer schattigen Stelle 10–12 cm in den Boden ein und hält sie ständig feucht. In kühlen Kellern lassen sich, in feuchtem Sand eingeschlagen, die Reiser auch bis April frischhalten.
Vor dem Veredeln werden zunächst die Äste des zu veredelnden Baumes in beliebiger Höhe abgeschnitten oder abgesägt. Bei Sägestellen schneidet man die Ränder mit dem Messer nach, damit die Wunde besser verheilen kann. Nun wird am Veredlungsreis zunächst ein ca. 3 cm langer, glatter Schnitt ausgeführt, auf dessen Vorderseite am oberen Teil eine Knospe (Auge) sitzen sollte. Anschließend schneidet man nach drei bis vier Augen das Edelreis direkt über dem obersten Auge ab. Danach wird am Pfropfkopf ein senkrechter Schnitt

Das Kopulieren

Wenn die Unterlage gleich stark ist wie das Edelreis, wendet man die Kopulation an. Die Edelreiser werden ebenfalls im Januar geschnitten und feucht und kühl aufbewahrt. Edelreis und Unterlage sollten zur Zeit der Veredlung in völliger Saftruhe sein. Deshalb muß das Kopulieren schon im Februar, spätestens Anfang März geschehen. Zunächst wird am Edelreis ein ca. 3 cm langer glatter Schrägschnitt ausgeführt und der Edeltrieb drei bis vier Augen über der Schnitt-

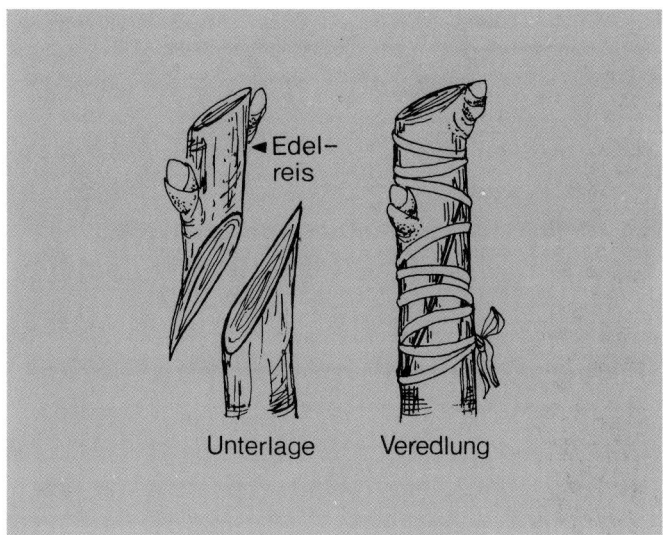

Edel-
reis

Unterlage   Veredlung

stelle abgeschnitten. Danach bringt man an der Unterlage einen gleichlangen Schrägschnitt an. Am besten verwächst die Veredlung, wenn die Flächen von Unterlage und Edelreis genau aufeinander passen. Steht die Schnittfläche der Unterlage etwas über, sollte man das Edelreis so auf die Unterlage legen, daß wenigstens an einer Seite beide Schnittflächen übereinanderliegen. Anschließend wird diese Stelle mit Bast in losen Abständen von unten nach oben verbunden und die ganze Veredlungsstelle mit Veredlungswachs verstrichen. Verknotet wird der Bast, indem man eine Schlinge bildet, das Ende des Bastes zweimal von unten nach oben in diese Schlinge steckt und dann nach rechts fest anzieht. Nicht vergessen, die obere Schnittfläche des Edelreises auch mit Wachs zu verstreichen. Nach sechs bis acht Wochen schneidet man den Bastverband mit dem Messer wieder auf, da sonst der Saftstrom behindert wird.

Das Geißfußpfropfen

Diese Veredlungsmethode ist schwierig und findet ihre Anwendung bei der Umveredlung von jüngeren Bäumen. Das Schneiden des Geißfußes und der dazu passenden Kerbe verlangt viel Übung, da beide Teile genau zueinander passen müssen. Wenn man das Geißfußpfropfen beherrscht, sind die Anwachsraten vor allem bei Steinobst wesentlich höher als beim Rindenpfropfen. Die Edelreiser werden im Januar geschnitten, feucht und kühl aufbewahrt und dann im Februar, März aufgepfropft.

Hierzu bringt man am Edelreis mit einem scharfen Veredlungsmesser (Kopuliermesser) zwei Schrägschnitte an, die in einem Winkel von ca. 45–70 Grad zueinander stehen. Die Schnittkante sollte durch das Mark des Edelreises laufen. Anschließend wird an der Unterlage ein keilförmiges Holzstück herausgeschnitten, in den dieser Geißfuß genau hineinpaßt. Das Edelreis, das auf eine Länge von vier bis fünf Knospen eingekürzt wurde, wird nun so weit in den Keil hineingeschoben, daß auf der Rückseite über der Schnittfläche der Unterlage noch zwei halbmondförmige Schnittflächen am Edelreis zu sehen sind. Dann wird die Veredlungsstelle mit Bast verbunden, das untere Auge (Knospe) des Edelreises muß freibleiben, damit sich hieraus ein Trieb entwickeln kann. Am oberen Teil der Veredlungsstelle bildet man eine Schlinge, steckt den Bast zweimal von unten durch und zieht den Bast nach rechts fest. Zuletzt verstreicht der Veredler alle Schnittflächen der Veredlung mit Veredlungswachs. Zweckmäßigerweise sollte Flüssigwachs verwendet werden, da dieses schneller antrocknet und später bei der weiteren Behandlung die Kleidungsstücke nicht verschmutzt.

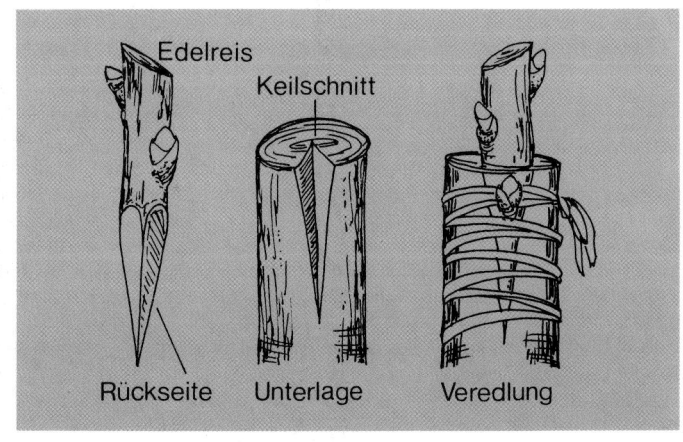

Edelreis
Keilschnitt

Rückseite   Unterlage   Veredlung

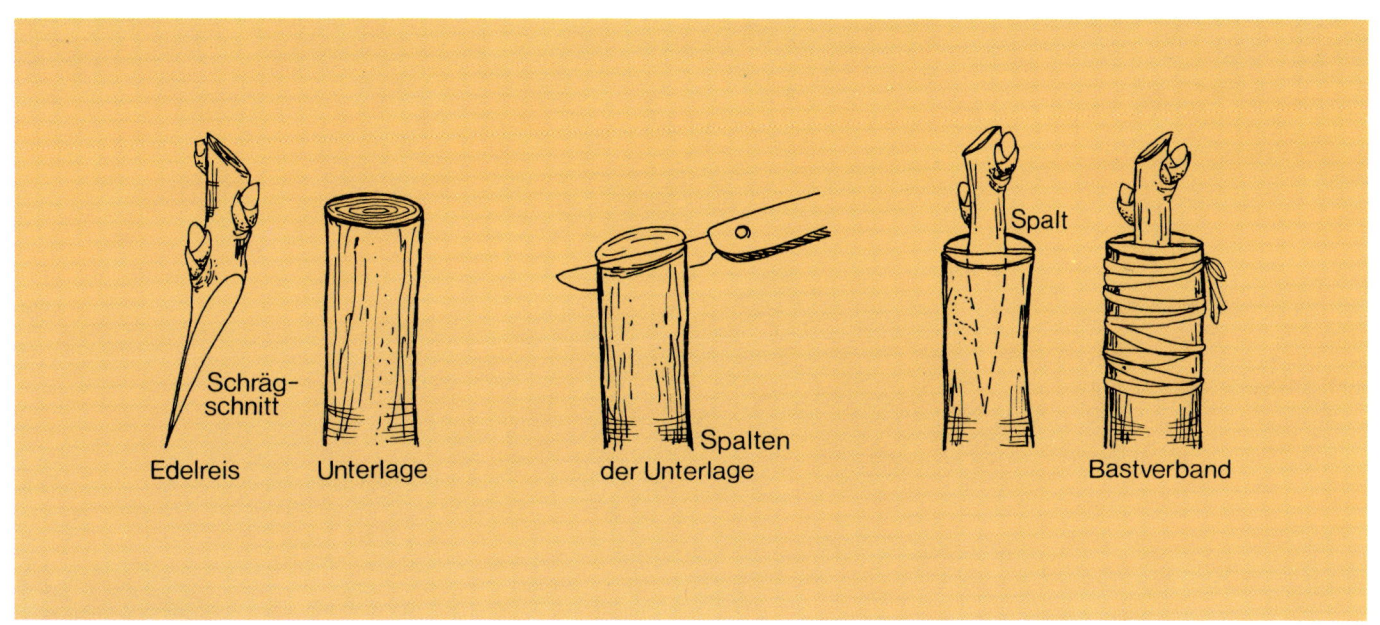

Schräg-schnitt

Edelreis Unterlage Spalten der Unterlage Spalt Bastverband

Das Spaltpfropfen

Bei Steinobst, vor allem bei Süßkirschen, bringt das Spaltpfropfen bessere Anwachsraten als die anderen Veredlungsmethoden. Die Reiser schneidet man im Januar, hält sie in Sand oder anderer Erde frisch und veredelt im Februar oder Anfang März. Bei Süßkirschen hat sich die September-Veredlung auch sehr gut bewährt.

Beim Spaltpfropfen muß man, genau wie bei der Okulation, die Edelreiser entblättern. Dann schneidet man das Edelreis durch einen 3 cm langen Schrägschnitt an und bringt es auf eine Länge von drei bis vier Augen (Knospen). In den Pfropfkopf des umzuveredelnden Baumes, der nicht zu stark sein sollte, bringt man durch festes Eindrücken des Messers in die Schnittfläche einen Spalt an und schiebt das oder die Edelreiser so weit ein, daß an der Schnittfläche des Edelreises noch eine halbmondförmige Fläche zu sehen ist. Die Edelreiser müssen natürlich senkrecht mit den Augen (Knospen) nach außen eingeschoben werden. Wenn die Reiser fest im Spalt sitzen, kann ein Verbinden mit Bast entfallen. Zuletzt wird die ganze Veredlungsstelle mit allen Schnittflächen mit Veredelungswachs verstrichen.

Weiterbehandlung der Pfropfungen

Rindenpfropfen, Spaltpfropfen, Geißfußpfropfen und die Kopulation bilden aus einem Edelreis drei bis fünf Triebe aus. Bei einem Pfropfkopf bildet der oberste Trieb den späteren Mittel- oder Haupttrieb des Baumes, oder er wird bei älteren Bäumen mit mehreren Veredlungsstellen zum Seitenleittrieb. Bei gutem Wachstum wird dieser Trieb nicht zurückgeschnitten. Wenn diese Triebe der Veredlung weniger als 20 cm Neutrieb im folgenden Jahr bilden, schneidet man sie um ein Viertel bis ein Drittel zurück. Hat ein Baum zwei bis drei Veredlungsstellen, so bildet später die mittlere den Haupttrieb, die beiden seitlichen werden zu Seitenleittrieben umfunktioniert, indem man sie schräg bindet. Alle Seitentriebe können durch Binden in die Waagerechte zum früheren Fruchten angeregt werden. Ab dem zweiten Jahr werden die Veredlungsstellen schnittmäßig wie normale Teile einer Pyramidenkrone behandelt. Will man eine Hohlkrone erziehen, werden alle Veredlungen durch Binden in eine Schrägstellung gebracht. Alle Triebe, die aus der Unterlage oder der alten Sorte austreiben, werden an der Entstehungsstelle sauber abgeschnitten.

Der Schnitt der Obstbäume

Nur regelmäßig geschnittene Bäume bringen die hohen Erträge mit großen, aromatischen Früchten, die jeder Obstgärtner in seinem Garten ernten möchte. Ein Baum, der mehrere Jahre nicht geschnitten wird, wird so dicht, daß ein großer Teil der Blätter und Früchte nicht mehr richtig belichtet wird. Außerdem tritt eine frühe Vergreisung der Bäume ein, die sich negativ auf das Trieb- und Fruchtwachstum auswirkt. Mit dem Baumschnitt läßt sich das Wachstum und die Fruchtbarkeit der Bäume und Beerenobststräucher regulieren. Ein scharfer Schnitt steigert die Triebleistung und mindert die Fruchtbarkeit. Folglich sollte man Bäume, die sehr lange und starke Triebe bilden, wenig schneiden. Hier wird man mehr Bindearbeit leisten, die Triebe also in die Waagerechte bringen. Vor allem in den ersten zwei bis fünf Jahren kann man durch diese Maßnahme den Besatz von Blüten und Früchten am Baum entscheidend erhöhen. Wenn der Baum weniger Triebleistung als ca. 15–20 cm pro Jahr bringt, ist es Zeit, daß man ihn durch einen schärferen Schnitt wieder zur Bildung von Trieben anregt. Eine erhöhte Stickstoffdüngung sollte bei schwachen Bäumen mit diesen Maßnahmen parallellaufen, damit der Baum auch von dieser Seite aus dem Vollen schöpfen kann. Die Verwendung von scharfen Schnittwerkzeugen sollte selbstverständlich sein, zumal man Baumscheren mit einem überall erhältlichen Wetzstein schnell selbst schärfen kann. Für das Schneiden von stärkeren Zweigen und Ästen bietet der Fachhandel sogenannte Stockscheren an, mit denen man leichter schneidet und eine größere Reichweite hat. Bei der Verwendung von Sägen sollten vor allem Fabrikate mit verstellbarem Blatt zum Einsatz kommen.

Die Erziehungsform der Krone ist abhängig von der Obstart und von der verwendeten Unterlage der Bäume. Starkwachsende Obstarten, wie Süßkirsche, Zwetsche und Birne, werden in Pyramidenkrone erzogen. Obstarten, die viel Licht zur Ausbildung aromatischer Früchte benötigen, wie Pfirsich, Nektarine und zum Teil Sauerkirsche, erzieht man in Hohlkrone. Bei einigen Obstarten sind auch mehrere Kronenformen möglich. So kann man Äpfel und Birnen in Pyramidenkrone, in Dreiastkrone oder bei der Verwendung von schwach wachsenden Unterlagen auch in Pillarkrone erziehen. Durch Heraussägen des Haupttriebes kann man z. B. auch bei einem älteren Baum die Pyramidenkrone in eine Hohlkrone umwandeln. Bei Pfirsichen, Sauerkirschen oder Mirabellen wird diese Umwandlung öfter praktiziert, wenn das Innere der Krone zu wenig Licht erhält.

Auslichten einer Pyramidenkrone mit der Stockschere.

Zwetschenbaum vor dem Sommerschnitt.

Zwetschenbaum nach dem Sommerschnitt.

Sommerschnitt

Versierte Obstbaumbesitzer schneiden schon mitten im Sommer an ihren Bäumen. Durch diesen Sommerschnitt, der je nach Witterung von Mitte Juli bis Anfang August ausgeführt werden kann, schafft man für alle Kronenteile bessere Belichtungsmöglichkeiten. Die Blätter bekommen dadurch mehr Sonne zum assimilieren, die Früchte werden größer, farbiger, reifer und aromatischer. Der Baum bildet für das nächste Jahr mehr Fruchtknospen aus, da die Nährstoffe die übriggebliebenen Baumteile, vor allem die jetzt bereits entstehenden Blütenanlagen für das kommende Jahr, besser ausbilden können. Alle Triebe, die steil in die Höhe wachsen, werden mit der Baumschere direkt an der Entstehungsstelle entfernt. Die Wunden brauchen nicht verstrichen zu werden, da der Baum im Sommer und Herbst genügend Nährstoffe hat, um die Schnittstellen zu verschließen. Besonders bei allen starkwachsenden Bäumen, also Birnen, Zwetschen, Pflaumen und Äpfeln auf starken Unterlagen, ist der Sommerschnitt sehr wichtig. Süßkirschen schneidet man allerdings besser im September, da dann der Saftdruck nicht mehr so stark ist und das „Bluten" verhindert oder eingeschränkt wird. Auch zu dicht stehende Zweige und Äste kann man mit dieser Methode schon im Sommer auslichten.

Die Pyramidenkrone

(Kronenform für Apfel, Birne, Süßkirsche, Zwetsche)

Pflanzschnitt. Pyramidenkronen bestehen aus einem Haupt- oder Mitteltrieb und aus drei bis vier Seitenleittrieben. Schon beim Pflanzschnitt sorgt man dafür, daß die Krone in dieser Form gestaltet wird. Ein gutgewachsener Baum hat bei der Pflanzung vier bis sechs starke, mehr oder weniger steile Triebe, aus denen man sich die zur Krone benötigten vier bis fünf Triebe heraussucht. Der Mitteltrieb bildet die Stammverlängerung, die Seitentriebe das Kronengerüst. Diese Seitenleittriebe sollten so stehen, daß sie gleichmäßig die Krone formen können. Grundsätzlich schneidet man diese Seitenleittriebe beim Pflanzschnitt um ein Drittel oder bis zur Hälfte zurück. Starke Bäume werden dabei schwächer zurückgeschnitten als schwache. Die Länge der Seitenleittriebe beträgt bei dieser Schnittmethode dann ca. 25–30 cm. Man schneidet diese Triebe immer auf ein Auge (Knospe) nach außen, damit die Krone sich gleich in den ersten Jahren öffnet (siehe Zeichnung). Der Mittel- oder Haupttrieb, der ja später die Höhe des Baumes bestimmt, sollte immer ca. 15–20 cm länger sein als die Seitenleittriebe. Die oberste Knospe wird so bestimmt, daß sie gegen die Hauptwindrichtung (Südwest) zeigt, damit dieser Haupttrieb bei stärkerem Wind nicht abbricht. Die Sei-

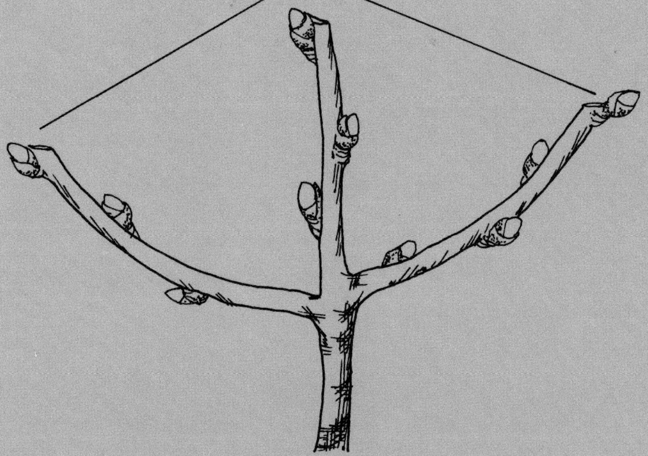

Pflanz- und Erziehungsschnitt der Pyramidenkrone.

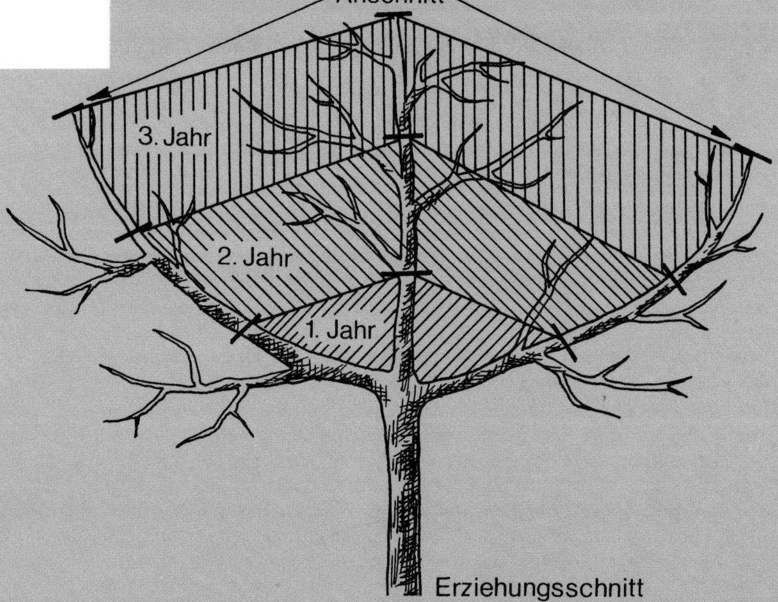

Das „Öffnen" der Krone durch Schneiden der Triebe auf ein Auge nach außen

Anschnitt

3. Jahr

2. Jahr

1. Jahr

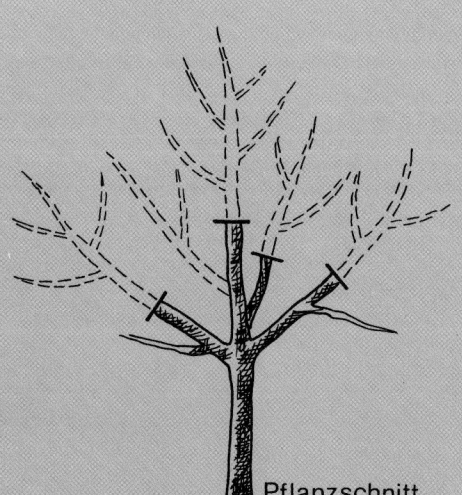

Pflanzschnitt

Erziehungsschnitt

Pyramidenkrone vor dem Schnitt.

Pyramidenkrone nach dem Erziehungsschnitt.

tenleittriebe sollten so stehen, daß sie zum senkrechtstehenden Mitteltrieb einen Winkel von ca. 45 Grad bilden. Seitenleittriebe, die zu steil stehen, kann man durch Abspreizen oder Herunterbinden in die richtige Stellung bringen. Schwächere Seitenleittriebe kann man durch einen stärkeren Rückschnitt zu stärkerem Austrieb zwingen.

Erziehungsschnitt. Der Aufbauschnitt findet bei Apfelbäumen mit Pyramidenkrone in den ersten drei bis vier Jahren statt. Dann sollte der Baum seine Endhöhe und eine gleichmäßige Krone erreicht haben. Beim Aufbauschnitt wird der Neutrieb je nach Wuchs um ein Viertel bis ein Drittel zurückgeschnitten. Der Rückschnitt erfolgt wieder auf ein Auge (Knospe) nach außen. Wenn ein Seitenleittrieb in der Entwicklung zurückgeblieben ist, schneidet man ihn mehr zurück. Der Mitteltrieb behält seine dominierende Stellung und wird beim Rückschnitt etwas länger gelassen. Alle Triebe, die am Mitteltrieb oder an den Seitentrieben steil in die Höhe wachsen (Steiltriebe, Wasserschosse) schneidet man direkt an der Entstehungsstelle ab. Ein glatter Schnitt verhindert, daß aus diesen Schnittstellen im nächsten Jahr wieder Steiltriebe entstehen. Alle Seitentriebe, die am Mitteltrieb oder an den Seitenleittrieben entstanden sind, werden nicht zurückgeschnitten. Leider gibt es immer noch viele Hobby-Gärtner, die vor lauter Freude am Baumschnitt fast alle Triebe und Zweige zurückschneiden. Dieser Fehler führt zwangsläufig zu weni-

ger Blüten und damit zu weniger Früchten, da der Baum durch jeden Rückschnitt zur Bildung von Holztrieben angeregt wird. Außerdem schneidet man ja durch diese unnötigen Schnittarbeiten dem Baum die besten Fruchtknospen, nämlich die Endknospen, ab. Je weniger man an den Seitentrieben eines Baumes schneidet, um so früher und regelmäßiger kommt der Baum in den Ertrag. Die Fruchtbarkeit, also die Bildung von Blüten und damit Früchten, hängt stark von der Stellung der Triebe und Zweige ab. Ein steiler Trieb bildet in den ersten Jahren nur Blätter und neue Triebe. Ein Trieb, der leicht schräg oder waagerecht gewachsen ist, setzt schon im gleichen oder darauffolgenden Jahr Blüten und Fruchtknospen an. Der Hobby-Gärtner kann diese Triebstellung lenken, indem er alle Triebe, die steil stehen, nach unten bindet. Diese Triebe werden mit Bindfaden in die Waagerechte gebunden. Der beste Zeitpunkt hierfür ist entweder im August-September oder nach der Blüte, also ab Mitte Mai. Die Bindestellen sollten im nächsten Jahr wieder aufgeschnitten werden, damit das Bindematerial nicht einschneidet und die Triebe absterben. Aus dem gleichen Grund sollte man auch die Etiketten sofort nach dem Pflanzen entfernen. Bodentriebe, die vor allem unterhalb der Veredlungsstelle aus der Unterlage austreiben, sind zu entfernen. Wenn man diese Bodentriebe mit einigen Wurzeln abschneidet oder abreißt, kann man hier im Juli-August durch Okulation einen neuen Baum schaffen (siehe Veredlungsmethoden).

Pflegeschnitt. Der Pflegeschnitt hat die Aufgabe, das Gleichgewicht des Baumes zwischen Neutriebbildung und Fruchtleistung zu erhalten. Die Krone des Baumes ist nach etwa vier Jahren aufgebaut und muß nicht mehr durch besondere Rückschnittmethoden geformt oder gefördert werden. In dem besonders bei älteren Bäumen vorhandenen Wirrwarr von Zweigen und Ästen sollte man zuerst alle Steiltriebe an der Entstehungsstelle entfernen. Auch ältere Äste, die zu dicht beieinanderstehen und keine genügend großen Früchte mehr bringen, sägt man heraus. Größere Wunden sollten mit einem Wundwachs verstrichen werden. Eines der besten Wundbehandlungsmittel heißt Lac Balsam und wird auch »künstliche Rinde« genannt. Es hat den Vorteil, daß es die Kallusbildung anregt und außerdem schnell antrocknet, so daß es später nicht mehr schmiert. Die jüngeren Seitentriebe an den Seitenleittrieben oder am Mitteltrieb schneidet man nicht zurück. Sind ältere Seitentriebe vorhanden, die vom Fruchtgewicht unter die Waagerechte gezogen wurden, so kann man diese Zweigpartien auf jüngere Zweige ableiten (abschneiden). Dieses Zurückschneiden in jüngeres Holz darf aber erst praktiziert werden, wenn die Triebe und Zweige schon mindestens ein- bis zweimal Früchte getragen haben. Selbstverständlich kann man auch im fortgeschrittenen Alter eines Baumes noch herunterbinden, wenn einige Triebe zu steil stehen oder wenn die Krone es erfordert. Besonders bei starkwachsenden Apfelsorten, wie z. B. Cox, Berlepsch, Boskoop, Gloster oder Ontario, kann man durch diese zusätzliche Bindearbeit die betreffenden Zweigpartien besser in Ertrag bringen oder das Wachstum des Baumes bremsen.

Verjüngungsschnitt. Diese Schnittmethode wird dann angewendet, wenn der Wuchs des Baumes infolge Überalterung zu wünschen übrig läßt. Die Bäume kommen, je nach Unterlage und Obstart, nach fünfzehn bis dreißig Jahren in das Greisenalter und reagieren mit geringer Bildung von Neutrieben. Die Folge davon sind kleinere Blätter und Früchte. Ein starker Rückschnitt mit einer guten Baumsäge bringt den Baum wieder in Schwung, das heißt, er treibt wieder stärker aus und bildet größere, aromatischere Früchte. Dabei kann der Baum ohne weiteres um ein Drittel oder bei ganz schwachem Wachstum bis zur Hälfte zurückgesägt werden. Die Säge- oder auch Schnittstellen sollten immer direkt über einem Seitentrieb oder Seitenast durchgeführt werden, damit der verstärkte Saftstrom über diese Seitentriebe oder -äste gelenkt werden kann und nicht erst neue Triebe aus Reserveknospen gebildet werden müssen. Die Sägestellen und auch die größeren Schnittwunden verstreicht man sofort mit einem Wundwachs, um die Infektion durch Schadpilze so gering wie möglich zu halten.

Erziehungsschnitt der Pyramidenkrone (Birne).

Pflegeschnitt der Pyramidenkrone (Apfel).

Erziehungsschnitt der Dreiastkrone.

Die Dreiastkrone (-hecke)
(Kronenform für Apfel, Birne, Mirabelle)

Pflanzschnitt. Apfelsorten, die in Dreiastkrone erzogen werden sollen, stehen auf stärker wachsenden Unterlagen (Typ M 4, M 7 oder M 11). Die Krone besteht, wie der Name schon sagt, aus drei Ästen; einem Mitteltrieb und zwei Seitenleittrieben. Später entsteht daraus dann eine Längskrone, die nur in einer Dimension das Astgerüst aufbaut. Zum Pflanzschnitt wählt man sich zunächst zwei gleichstarke, gutentwickelte Triebe aus, die man um ein Drittel oder um die Hälfte zurückschneidet. Die letzte Knospe soll dabei nach außen zeigen, damit der sich daraus entwickelnde Trieb die Krone öffnet. Bei normaler Wuchsstärke des Baumes haben die zurückgeschnittenen Triebe eine Länge von ca. 30 cm. Der Mitteltrieb des Baumes wird auf ca. 15 cm zurückgeschnitten, damit er später, wenn die zwei Seitenleittriebe an den Draht gebunden sind, in gleicher Höhe steht. Nachdem man diese drei Triebe fachgerecht abgeschnitten hat, ent-

fernt man alle Triebe, die steil stehen. Einen bis zwei waagerechte Triebe können stehengelassen werden, wenn der Baum relativ stark ist. Bei schwachen Bäumen ist es ratsam, auch diese wegzuschneiden. Anschließend bindet man die beiden Seitenleittriebe so an den ersten Formierungsdraht, daß sie etwa im Winkel von 45 Grad zum Mitteltrieb stehen, also leicht schräg verlaufen. Als Bindematerial verwendet man Bindfaden, Weiden oder Kunststoffbänder. Letzteres Material ist am besten geeignet, da sich Kunststoff dehnt und nicht so leicht einschneidet. Diese Bindungen sollten nach einem Jahr wieder gelöst werden.

Erziehungsschnitt. Der Erziehungsschnitt wird im zweiten und dritten Jahr durchgeführt. Mit dieser Schnittmethode wird im Laufe dieser Jahre die Krone formiert. Hierzu schneidet man zunächst beide Seitenleittriebe um ein Viertel ihres Neutriebes zurück. Dabei ist darauf zu achten, daß die oberste Knospe jeweils nach außen gerichtet ist. Anschließend schneidet man alle steilen Triebe (Wasserschosse, Steiltriebe), die an den Seitenleittrieben oder am Mitteltrieb

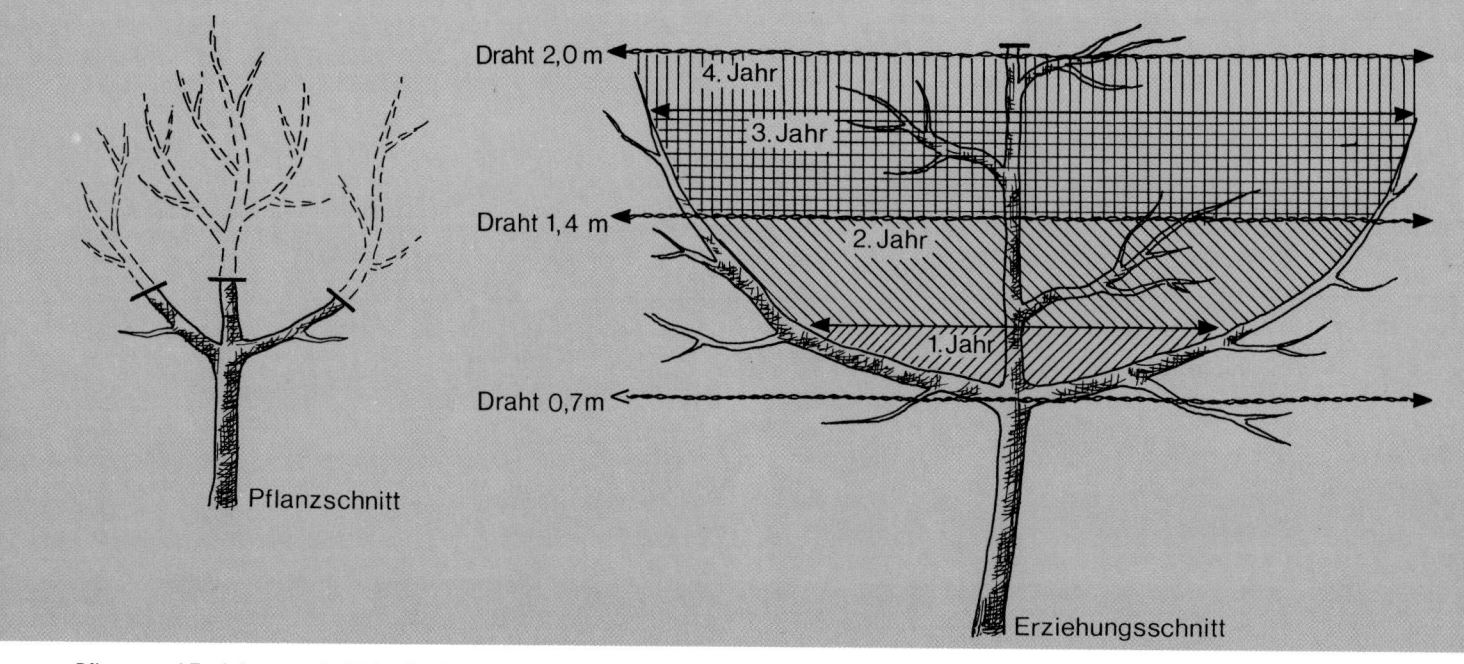

Draht 2,0 m

4. Jahr

3. Jahr

Draht 1,4 m

2. Jahr

1. Jahr

Draht 0,7m

Pflanzschnitt

Erziehungsschnitt

Pflanz- und Erziehungsschnitt der Dreiastkrone.

entstanden sind, an der Entstehungsstelle ab. Bei starkem Wachstum des Baumes kann man auch schon ab dem zweiten Standjahr einige der steilen Triebe in die Waagerechte binden, um den Blüten- und Fruchtansatz des Baumes zu fördern. Alle Seitentriebe, die am Mitteltrieb oder an den Seitenleittrieben waagerecht ausgetrieben sind, bleiben stehen und werden nicht zurückgeschnitten. Aus diesen entwickeln sich die Fruchtäste, an denen je nach Obstart oder Sorte in den ersten Jahren schon Früchte hängen. Die beiden Seitenleittriebe bindet man im gleichen Winkel (ca. 45 Grad) wieder an und zwar an den zweiten Formierdraht, der etwa in 140 cm Höhe gespannt ist. Sollte der Neutrieb an den Seitenleittrieben schwach gewachsen sein, muß er nochmals an den ersten Formierdraht (in ca. 70 cm) gebunden werden. Auch hier erfolgt das Formieren in leicht schräger Stellung, also im Winkel von ca. 45 Grad. Der Mitteltrieb wird dann in gleicher Höhe der zurückgeschnittenen und angebundenen Seitenleittriebe zurückgeschnitten. Diesen Mitteltrieb bindet man dann an den zweiten Formierungsdraht locker an. Im dritten Standjahr erfol-

gen die gleichen Schnittmaßnahmen wie im zweiten Standjahr. Die zwei Seitenleitäste werden dann an den dritten Draht (Höhe ca. 200 cm) so angebunden, daß der bisher erzogene Astwinkel von 45 Grad erhalten bleibt.

Pflegeschnitt. Nach dem dritten oder spätestens nach dem vierten Standjahr setzt der Pflegeschnitt ein. Das Dreiastkronengerüst ist vollständig formiert, die Endhöhe des Baumes wird jetzt durch den Schnitt bestimmt. Der Mitteltrieb und die beiden Seitenleittriebe haben ihre Endhöhe von 220 cm erreicht. Nun kann der Hobby-Gärtner selbst entscheiden, ob diese Endhöhe in den nächsten Jahren noch aufgestockt wird, indem man die Triebe nochmals 50 cm höher wachsen läßt, oder ob die erreichte Baumhöhe auch später beibehalten werden soll. Im Interesse einer guten Belichtung auch der unteren Baumpartien und einer guten Ausreifung der Früchte sollten die Bäume in Dreiastkronen-Erziehung diese 220 cm nicht überschreiten. Diese Bäume kann man dann immer vom Boden aus schneiden

Auslichtungsschnitt der Dreiastkrone.

Verjüngungsschnitt der Dreiastkrone.

und ernten; die Gefahren, die beim Gebrauch einer Leiter entstehen, sind also ausgeschlossen. Man begrenzt die Baumhöhe, indem man in jedem Jahr alle in die Höhe wachsenden Triebe am Mitteltrieb und an den Seitenleittrieben an ihrer Entstehungsstelle abschneidet. Zur Arbeitserleichterung kann man bei größeren Obstgärten sogenannte Stockscheren verwenden, die einen langen Griff von ca. 70 cm haben und auch dickere Äste spielend leicht durchschneiden. Dabei kann man ohne weiteres auch einmal ältere Äste zurückschneiden, damit der Baum niedriger wird. Das gleiche gilt für den Rückschnitt älterer Seitentriebe am Mitteltrieb und an den Seitenleittrieben. Diese Äste schneidet man bis in Stammhöhe direkt über einer Seitenverzweigung ab. Die Wunden verstreicht man mit Baumwachs. Wichtig für den Pflegeschnitt ist das jährliche Entfernen aller Steiltriebe (Wasserschosse). Die jüngeren Seitentriebe bleiben ungeschnitten. Am Stammgrund wachsen oft Wildtriebe hervor, sogenannte Bodentriebe, die mit der Baumschere oder mit dem Spaten entfernt werden müssen. Zur Baumpflege gehört es auch, darauf zu achten, daß die

Veredlungsstelle nicht vom Erdboden bedeckt wird. Die Veredlungsstelle ist meist auch später noch als Verdickung über dem Boden zu erkennen. Besonders bei schwächer wachsenden Unterlagen ist es sehr wichtig, daß diese Veredlungsstelle nicht im Laufe der Jahre mit Erde zugedeckt wird. Die Edelsorte bildet sonst Wurzeln und schaltet damit die gewollte Wuchsstärke der Unterlage aus. Der Baum macht sich frei, wie der Fachmann sagt. Die Folge davon ist ein stärkerer Trieb des Baumes und mangelnde Ausbildung von Blüten und damit Früchten.

Verjüngungsschnitt. Auch bei älteren Bäumen mit einer Dreiastkrone kann zur Neutriebbildung der Verjüngungsschnitt angewendet werden. Hierzu sägt man den Mitteltrieb und die beiden Seitenleittriebe je nach Alter des Baumes um ein Viertel bis ein Drittel zurück. Die Schnittstellen sollten direkt über einer Verzweigung liegen und müssen mit Wachs verstrichen werden.

Die Hohlkrone
(Kronenform für Pfirsich, Nektarine, Sauerkirsche, Mirabelle)

Obstarten, die zur Ausreifung ihrer Früchte sehr viel Licht benötigen, sollte man in Hohlkrone erziehen. Die Hohlkrone besteht aus drei bis vier Seitenleittrieben, ohne Mitteltrieb. Entweder wird die Hohlkrone gleich beim Pflanzen des Baumes durch fachgerechten Pflanzschnitt erzogen, oder aber man stellt ältere Bäume, die vorher in Pyramidenkronenform erzogen wurden, durch Herausschneiden des Haupttriebs auf Hohlkrone um. Diese Umstellungsmöglichkeit bietet sich bei allen Obstarten, die nicht zu stark wachsen, also Mirabellen, Pfirsichen, Zwetschen und Pflaumen. Bei Süßkirschen, Birnen und Apfelbäumen auf stark wachsender Unterlage ist diese Umstellung nicht zu empfehlen, da der Baum infolge starker Wüchsigkeit immer wieder »durchtreibt«. Da die Erziehung zur Hohlkrone bei den klassischen Obstarten Pfirsich, Nektarine, Sauerkirsche und Mirabelle voneinander abweicht, werden die einzelnen Obstarten in diesem Buch auch getrennt behandelt.

Schnitt des Pfirsichs und der Nektarine
Beide Obstarten können, was den Baumschnitt anbetrifft, gleich behandelt werden.

Pflanzschnitt. Pfirsiche und Nektarinen sollte man nur als einjährige Bäume pflanzen, da bei zweijährigen Bäumen das Regenerationsvermögen der Wurzeln zu schwach ist, was Kümmerwuchs verursachen kann. Außerdem haben die Bäume beim Roden in der Baumschule zuviele der lebenswichtigen Faserwurzeln verloren und können diese nur sehr langsam wieder bilden. Der einjährige Baum besteht aus einem Haupttrieb und mehreren Seitentrieben, die am ganzen Baum fast gleichmäßig verteilt sind. Viele Hobby-Gärtner machen den entscheidenden Fehler, den Baum beim Pflanzen nicht scharf genug zurückzuschneiden. Dadurch wird es den beim Roden übriggebliebenen Faserwurzeln unmöglich, die vielen Triebe zu ernähren; der Baum wächst nur sehr langsam. Meistens wird dann in den nächsten Jahren auch noch wenig geschnitten und nach sechs bis sieben Jahren ist der Pfirsichbaum schon vergreist. Bei einem nachstehend geschilderten, scharfen Rückschnitt passiert das nicht. Zuerst wird der Mitteltrieb in ca. 100 cm Höhe abgeschnitten. Der Rückschnitt erfolgt direkt über einem gutentwickelten Auge (Knospe). Anschließend schneidet man von den nachstehenden Seitentrieben vier bis fünf auf zwei Augen (Knospen) zurück. Alle weiter unten stehenden Seitentriebe müssen direkt an der Entstehungsstelle entfernt werden. Alle Schnittwunden, auch bei Pfirsichen und Nektarinen sofort mit einem Wundwachs verstreichen, da die Gefahr, daß Krankheitskeime in diese Wunden eindringen, gerade bei letztgenannten Obstarten sehr groß ist. Die Wurzeln schneidet man nur wenig zurück. Ob die Wurzeln noch gesund sind, kann man bei Pfirsichen schon an der Farbe erkennen. Gesunde Wurzeln sind im Inneren weiß, kranke oder abgestorbene Wurzeln sind im Inneren braun oder schwarz.

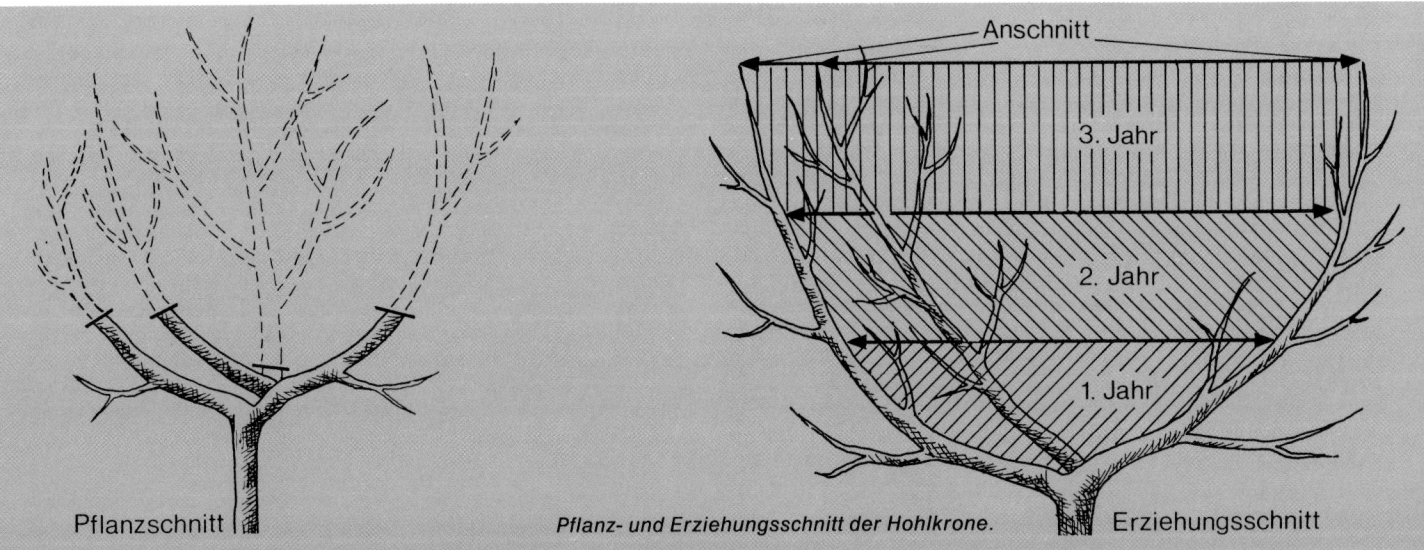

Pflanzschnitt

Pflanz- und Erziehungsschnitt der Hohlkrone.

Erziehungsschnitt

Auslichtungsschnitt der Hohlkrone. Hier am Beispiel des Pfirsichbaums gezeigt.

Erziehungsschnitt. In den nächsten drei bis vier Jahren erfolgt bei Pfirsichbäumen der Erziehungsschnitt. Die drei bis vier Seitenleittriebe werden je nach Wachstum um ein Drittel oder ein Viertel des Neutriebes zurückgeschnitten. Der Schnitt erfolgt wieder auf ein Auge (Knospe), das nach außen gerichtet ist. Alle Steiltriebe an den Seitenleittrieben sollten an der Entstehungsstelle entfernt werden. Die Seitentriebe an den Seitenleittrieben schneidet man bei Pfirsichen entweder um die Hälfte des Neutriebes zurück, oder man leitet die älteren Triebe auf einen Jungtrieb ab. Dabei sollte man darauf achten, daß die stärkeren gut mit Fruchtknospen besetzten Triebe erhalten bleiben. Bei Pfirsichen unterscheidet man wahre Fruchttriebe und falsche Fruchttriebe. An den wahren Fruchttrieben sitzen jeweils drei Knospen (Augen) nebeneinander. Die unwahren Fruchttriebe besitzen jeweils nur Einzelknospen. Die Früchte an den wahren Fruchttrieben werden größer und aromatischer, da die Pfirsiche durch die Triebe und Blätter, die direkt daneben sitzen, besser ernährt werden. Man sollte deshalb darauf achten, daß beim Schnitt ein großer Teil dieser meist stärkeren Triebe erhalten bleibt.

Pflegeschnitt. Wenn man seine Pfirsichbäume lange jung erhalten will (ca. zwölf Jahre), dann muß man den Baum jährlich stark zurückschneiden. Normalerweise sollte in jedem Jahr die Hälfte des Neu-

triebes weggeschnitten werden, damit der Baum nicht schon nach sieben bis acht Jahren vergreist und damit alle Kronenteile gut belichtet sind. Auch hier bieten sich wieder zwei Möglichkeiten an. Entweder man schneidet alle Seitentriebe um die Hälfte zurück oder man schneidet ältere Triebe auf einjährige wahre Fruchttriebe zurück. Die senkrechtstehenden Steiltriebe schneidet man direkt an der Entstehungsstelle ab. Bei Pfirsichbäumen verstreicht man alle größeren Wunden sofort nach dem Schnitt mit Baumwachs. Die Schnittfläche sollte sich immer direkt über einer Knospe befinden, damit die Wunde besser verheilen kann.

Verjüngungsschnitt. Pfirsichbäume lassen sich durch einen scharfen Verjüngungsschnitt sehr gut wieder in ein normales Triebwachstum bringen. Man kann den Baum ohne weiteres um die Hälfte zurücksägen. Die belassenen Äste treiben dann im kommenden Jahr aus sogenannten schlafenden Augen wieder aus und bilden lange, starke Triebe. Diese Triebe behandelt man wie beim Erziehungsschnitt beschrieben. Eine größere Stickstoffgabe in Form von Kalkstickstoff in den Monaten November, Dezember sorgt dafür, daß die Wurzeln und damit auch der Baum gut mit Nährstoffen versorgt werden.

Hohlkrone vor dem Auslichtungsschnitt.

Hohlkrone nach dem Auslichtungsschnitt.

Schnitt der Sauerkirsche

Sauerkirschbäume kann man sowohl als Pyramidenkrone, wie auch als Hohlkrone erziehen. Bei der Erziehung zur Hohlkrone ist die Belichtung, auch der inneren Kronenteile, besser gewährleistet. Die Früchte werden größer und aromatischer.

Pflanzschnitt. Aus der Baumschule bekommt der Hobby-Gärtner die Sauerkirsch-Jungbäume als zweijährige Sauerkirschen geliefert. Die Krone an diesen Bäumen ist gut entwickelt und bietet genug Triebe für den Aufbau zur Hohlkrone. Die Hohlkrone besteht aus drei bis vier Seitenleitästen, die gleichmäßig verteilt, das Gerüst des Baumes bilden. Beim Pflanzschnitt wird zunächst der Mitteltrieb herausgeschnitten. Anschließend sucht man sich drei bis vier Triebe, die gut entwickelt sind und eine entsprechende Schrägstellung aufweisen, heraus und schneidet diese um ein Drittel zurück. Zu steil stehende Triebe bindet man schräg, damit alle Kronentriebe etwa die gleiche Stellung bekommen. Alle übrigen Triebe sind zu entfernen.

Erziehungsschnitt. Beim Erziehungsschnitt, der in den folgenden drei bis vier Jahren Anwendung findet, schneidet man die Seitenleittriebe nochmals um ein Viertel des Neutriebes zurück. Alle Triebe, die steil nach oben wachsen, schneidet man an der Entstehungsstelle ab. Die waagerechten Seitentriebe bleiben ungeschnitten. Erst wenn diese Triebe getragen haben, sollte man sie auf einen jüngeren Trieb zurückschneiden.

Pflegeschnitt. Beim Pflegeschnitt hat der Hobby-Gärtner zwei Möglichkeiten. Die erste Möglichkeit ist die, daß man den Baum in jedem Jahr stark zurückschneidet. Dabei werden alle Seitenastpartien, die älter als zwei Jahre sind, auf junges Holz, also auf einjährige Triebe zurückgeschnitten. Gleichzeitig entfernt man alle steilen Triebe direkt an der Entstehungsstelle. Durch diesen scharfen Rückschnitt bildet der Baum große, aromatische Früchte aus.
Die zweite Möglichkeit sieht einen weniger scharfen Rückschnitt vor. Hier lichtet man den Baum jährlich aus, indem man die Steiltriebe und Wasserschosse abschneidet und nur zu dicht werdende Kronenpartien entfernt. Dadurch bilden sich allerdings viele Triebe, die wegen mangelnder Belichtung und Nährstoffversorgung oft nur noch an den Endknospen Blüten und Früchte tragen. Der Baum bringt zwar bei dieser Schnittart mehr Menge, aber die Qualität der Früchte wird geringer.

Verjüngungsschnitt. Bei älteren Bäumen kann man ohne weiteres die Äste um ein Drittel zurücksägen, damit die Trieb- und Fruchtleistung der Bäume gefördert wird. Die Wunden sollte man verstreichen.

Auch ein blühender Obstgarten hat seine Reize.

Auslichtungsschnitt der Hohlkrone (Mirabelle).

Schnitt der Mirabelle

Die beste Kronenform für die Mirabellenbäume ist die Hohlkrone. Natürlich kann der Hobby-Gärtner seine Mirabellenbäume auch in Pyramiden- oder Dreiastkrone erziehen, aber die größten und aromatischsten Früchte wachsen bei Hohlkronenerziehung.

Pflanzschnitt und *Erziehungsschnitt* werden genauso gehandhabt, wie bei der Sauerkirsche beschrieben. Beim *Pflegeschnitt* schneidet man zunächst alle Steiltriebe heraus und entfernt zu dicht stehende Astpartien mit der Säge. Die Seitentriebe an den Seitenleittrieben bleiben ungeschnitten, damit der Baum nicht zu unnötigem Triebwachstum angeregt wird. Zum Pflegeschnitt bei Mirabellenbäumen gehört auch das jährliche Entfernen der Bodentriebe. Diese Triebe werden von der Unterlage des Baumes gebildet und wachsen sehr schnell in die Höhe. Vor allem in Stammnähe, aber auch im Bereich der Kronentraufe, treten diese unliebsamen Bodentriebe auf. Am besten entfernt man diesen Wildwuchs, indem man den Bodentrieb mit einem Spaten so ausgräbt, daß auch die Wurzeln dieser Triebe mit herausgenommen werden.

Verjüngungsschnitt. Nach fünfundzwanzig bis dreißig Jahren läßt bei dieser Obstart die Wachskraft nach, der Baum bildet kaum noch Neutriebe. Zum Zwecke der Verjüngung sägt man alle Seitenleittriebe um ein Drittel zurück und verstreicht die Sägewunden mit Baumwachs.

Spindelbüsche und Pillarbäume
(Kronenform für Apfel und Birne)

Apfelbäume auf den schwachwachsenden Unterlagen Typ M 9, M 26 und MM 106 sowie Birnbäume auf der Unterlage Quitte lassen sich mit dieser Erziehungsart sehr schnell in den Ertrag bringen. Wichtig ist, daß die Jungbäume in den ersten drei bis vier Jahren so wenig wie möglich geschnitten werden. Die Schnitte, die an diesen Bäumen auszuführen sind, dienen der Kronenerziehung oder der Auslichtung.

Pflanzschnitt. Apfel- und Birnbäume auf schwachwachsenden Unterlagen kann man entweder als einjährige oder als zweijährige Bäume pflanzen. Birnbäume und stärker wachsende Apfelsorten wie Boskoop, Gloster, Cox, Berlepsch, Goldparmäne oder Melrose sollte man zweijährig pflanzen, damit die Wuchskraft des Baumes gebremst wird und die Ertragsphase früher einsetzt. Bei diesen Bäumen schneidet man nur die Steiltriebe weg; Mitteltrieb und die anderen waagerechten oder leicht schräg stehenden Seitentriebe bleiben ungeschnitten. An diesen ungeschnittenen Trieben bilden sich im Jahr danach schon Blüten und Früchte. Verwendet man einjährige Bäume zur Pflanzung, dann wird der Baum in ca. 100 cm Höhe abgeschnitten und die steilwachsenden Triebe werden entfernt. Alle waagerechten Seitentriebe schneidet man nicht zurück. Der neu entstehende Mitteltrieb wird an den Pfahl oder Bambusstab gebunden. Kurztriebe oder Fruchtspieße, die am Stamm vorhanden sind, sollten im ersten Jahr nicht entfernt werden, da sie zum Dickenwachstum des Stammes wesentlich beitragen oder auch schon im nächsten Jahr Blüten und Früchte ausbilden.

Erziehungsschnitt. Hierbei wird der Mitteltrieb jährlich auf ca. 40–50 cm des Neutriebes zurückgeschnitten. Bei Mitteltrieben von Sorten die sich gut »garnieren«, also viele Seitentriebe bilden, erübrigt sich das Zurückschneiden der Mitte. Alle Steiltriebe, die am Mitteltrieb oder an den Seitentrieben entstehen, schneidet man entweder glatt weg, oder man läßt bei der Pillarerziehung sogenannte Pillarzapfen, das sind 3–4 cm lange Aststümpfe stehen, aus denen in den nächsten Jahren junge Triebe ausbildet. Durch waagerechtes Binden der schräg- oder steilstehenden Seitenäste kann man den Baum sehr früh in den Ertrag bringen. Diese Maßnahme ist besonders bei Birnen oder bei den erwähnten starkwachsenden Apfelsorten zu empfehlen. Nach drei bis vier Jahren ist der Baum erwachsen und wird durch den Pflegeschnitt weiterbehandelt.

Pflegeschnitt. Der Pflegeschnitt bei den Kernobstarten hat zum Ziel, den Baum in Trieb zu halten und die Vergreisung möglichst lange hinauszuschieben. Bäume auf schwachwachsenden Unterlagen sollten regelmäßig geschnitten werden, da sonst die Trieb- und Fruchtleistung schnell nachläßt. Bei den Spindelbüschen schneidet man die älteren Zweige, die schon mehrmals getragen haben, auf jüngere Triebe zurück. Steiltriebe bindet man entweder in die Waagerechte oder schneidet sie an der Entstehungsstelle ab. Bei der Erziehung zum Pillarbaum behält der Baum nur ein Astgerüst bis zu 125 cm, das aus drei bis vier Seitenästen besteht und alle zwei bis drei Jahre auf jüngere Triebe zurückgeschnitten wird. Ab einer Höhe von 125 cm schneidet man bei den Pillarbäumen in jedem Jahr einige Triebe ab, die älter als drei Jahre sind. Diese Triebe werden auf die vorher genannten Pillarzapfen zurückgeschnitten. Dadurch wird eine fortlaufende Verjüngung des Baumes erreicht, da immer junge Triebe aus diesen Pillarzapfen neu entstehen. Triebe, die zu steil wachsen, bindet man in die Waagerechte, damit der Blüten- und Fruchtansatz gefördert wird. Alle Seitentriebe bleiben ungeschnitten. Wenn die Bäume nach dem dritten oder vierten Standjahr ihre Endhöhe von ca. 250 cm erreicht haben, schneidet man den Mitteltrieb auf einen waagerecht oder leicht schräg stehenden Trieb zurück und begrenzt damit die Baumhöhe. Die Steiltriebe, die an der Spitze der Bäume jährlich entstehen, müssen entweder weggeschnitten oder waagerecht gebunden werden. Man sollte die Bäume immer so schneiden, daß die Krone sich nach oben verjüngt, also sich im Durchmesser kegelförmig zur Spitze hin verringert. Dadurch ist die Belichtung auch der unteren Astpartien gewährleistet und die Früchte und Blätter bekommen mehr Licht und Sonne.

Verjüngungsschnitt. Gerade Bäume auf schwachwachsenden Unterlagen müssen oft schon nach zwölf bis fünfzehn Jahren verjüngt werden. Wenn kaum noch Neutrieb gebildet wird oder die Fruchtgröße nachläßt, wird es Zeit, die Säge anzusetzen und den Baum kräftig zurückzuschneiden. Zunächst sägt man den Mitteltrieb um bis zu einem Drittel der Baumhöhe zurück. Anschließend werden die Seitenäste um ein Drittel oder um die Hälfte eingekürzt. Man sägt oder schneidet die Mitte wie auch die Seitenäste immer auf einen Nebenast zurück, damit der Saftstrom in diesen Nebenast (Seitenast) umgelenkt wird. Die aus diesen verbliebenen Astpartien hervortreibenden Neutriebe kann man größtenteils belassen, sofern sie waagerecht oder leicht schräg stehen und die Kronenteile nicht zu sehr verdichten. Steiltriebe, die man nicht herunterbindet, werden entfernt. Alle größeren Wunden sind mit Baumwachs zu verstreichen.

Pillarbaum nach dem Auslichtungsschnitt.

Der Schnitt der Beerenobststräucher

Schnitt der Himbeere

Pflanzschnitt. Himbeerpflanzen werden bekanntlich durch Wurzelausläufer vermehrt und haben schon zur Zeit der Pflanzung einen größeren Wurzelballen mit vielen Faserwurzeln. Vor dem Pflanzen werden diese Wurzeln nur leicht zurückgeschnitten, damit der größte Teil der Faserwurzeln erhalten bleibt. Krumme, beschädigte oder besonders schwache Einzelwurzeln schneidet man an der Entstehungsstelle ab. Qualitätsware aus der Baumschule hat mehrere starke, gesunde Triebe (Ruten), die man alle auf eine Höhe von ca. 25 cm zurückschneidet. Der Schnitt sollte direkt über dem Auge (Knospe) erfolgen, da sonst schon bei Jungpflanzen die Eintrittspforten für Schädlinge und Krankheiten geschaffen werden. Angeknickte oder zu schwache Ruten müssen direkt an der Entstehungsstelle abgeschnitten werden.

Erziehungsschnitt. Der Aufbauschnitt beschränkt sich bei Himbeeren auf die ersten zwei Jahre. Dann ist die Pflanze voll bestockt und hat mehrere gutausgebildete, starke Ruten. Diese Ruten werden nicht zurückgeschnitten, damit sie bis in die oberen Teile Blüten und Früchte ansetzen können. Nur bei zu starkem Wachstum, wenn die Einzelruten eine Höhe über 140 cm erreichen sollten, schneidet man sie auf diese Höhe zurück, um die Belichtung auch der unteren Partien der Pflanze zu gewährleisten. Schwache, krumme und trockene Ruten, die im letzten Jahr getragen haben, sollten direkt am Boden entfernt werden, um dem Himbeerglasflügler (Hohle Ruten) keine Angriffsfläche zu bieten. Abgetragene Ruten erkennt man an der hellen Färbung der Triebe. Sie lassen sich auch leicht rausbrechen, da sie in den meisten Fällen abgestorben sind.

Pflegeschnitt. Der Pflegeschnitt beginnt, wenn die Himbeersträucher fünf bis zehn Ruten ausgebildet haben, bei guter Pflege, also ab dem dritten Standjahr. Nur starke gesunde Ruten bringen die Erträge, die sich der Hobby-Gärtner wünscht. Wenn die Himbeerhecken, wie es oft der Fall ist, zu dicht sind, bekommen die Blätter und Früchte zu wenig Sonne; die Fruchtgröße und das Aroma der Früchte gehen zurück. Aus diesem Grund sollte man pro laufenden Meter Himbeer-

Himbeerhecke nach dem Schnitt.

hecke nicht mehr als ca. zehn Ruten stehen lassen. Das bedeutet bei einer Pflanzweite von 50 cm von Strauch zu Strauch ca. vier bis fünf Ruten pro Himbeerpflanze. Alle anderen schwachen, beschädigten oder krummen Ruten müssen direkt über dem Boden abgeschnitten werden. Die abgetragenen Ruten bricht oder schneidet man ebenfalls am Boden ab.

Schnitt der Brombeere

Pflanzschnitt. Brombeerpflanzen sind starkwüchsig und haben schon drei bis vier kräftige Triebe, wenn sie zur Pflanzung kommen. Da jedoch beim Ausgraben in der Baumschule ein großer Teil der Wurzeln verlorengegangen ist, muß man auch bei dieser Pflanzenart das Gleichgewicht zwischen Trieben und verbliebenen Wurzeln durch einen scharfen Rückschnitt vor dem Pflanzen wiederherstellen. Zu diesem Zweck schneidet man die Brombeertriebe auf ca. 40–50 cm über der Entstehungsstelle ab. Auch hier erfolgt dieser Schnitt direkt über einem kräftigen, gesunden Auge (Knospe). Beschädigte oder schwache Triebe werden ebenfalls entfernt. Die Wurzeln der Pflanze schneidet man nur leicht zurück.

Erziehungsschnitt. Bei flottem Wuchs hat der Brombeerstrauch schon nach ein bis zwei Jahren seine Endhöhe erreicht. Wenn die Verzweigung der Haupttriebe zu wünschen übrig läßt, schneidet man im zweiten Jahr diese Triebe nochmals um die Hälfte zurück. Die gleiche Maßnahme ist bei zu schwachem Wuchs erforderlich. Im Normalfall hat man dann im zweiten oder spätestens im dritten Jahr einen vollwertigen Strauch mit mindestens vier bis sechs starken Haupttrieben. Haupttriebe sind die Triebe, die am Boden entstehen und dann vom Hobby-Gärtner in die gewünschte Richtung gelenkt werden. Diese Haupttriebe kürzt man nur leicht ein. Seitentriebe, die an diesen Haupttrieben entstehen, schneidet man auf zwei Augen (Knospen) zurück.

Pflegeschnitt. Für den Pflegeschnitt, der meist schon ab dem dritten Standjahr erfolgt, bieten sich zwei Möglichkeiten. Die bisher übliche Methode sieht folgende Schnittmaßnahmen vor: Man beläßt dem Strauch drei bis vier Haupttriebe, die man nur leicht oder gar nicht einkürzt. Ältere Triebe, die nicht mehr die gewünschte Fruchtleistung bringen, sägt oder schneidet man direkt über dem Boden ab. Die Seitentriebe an den verbliebenen Haupttrieben kürzt man auf zwei Augen (Knospen) ein. Eine weitere Methode, Brombeeren fachgerecht zu schneiden, besteht darin, daß man immer nur drei bis vier vorjährige Ruten stehen läßt und alle älteren Triebe am Boden wegsägt oder abschneidet. Die Seitentriebe an den vorjährigen Trieben werden auf zwei Augen zurückgeschnitten.

Schnitt der Roten und Schwarzen Johannisbeere

Pflanzschnitt. Rote und Schwarze Johannisbeersträucher werden entweder als Busch oder als Stämmchen mit einer aufveredelten Krone angepflanzt. Beide Kulturarten werden im Schnitt gleich behandelt. Der Schnitt bei Roten Johannisbeeren sollte grundsätzlich schärfer ausgeführt werden, da diese Art schwächer wächst. Rote Johannisbeeren schneidet man auf 20–25 cm zurück, während man die Triebe bei den Schwarzen Johannisbeeren auf 25–30 cm einkürzt. Bei beiden Arten werden die Wurzeln nur leicht eingekürzt. Bei der Stämmchenkultur sollte man gleich darauf achten, daß eventuelle Wildtriebe, die aus den Wurzeln oder am Stamm unterhalb der Krone austreiben, vor oder nach der Pflanzung weggeschnitten werden.

Erziehungsschnitt. Der Aufbauschnitt wird in den ersten zwei bis drei Standjahren ausgeführt. Hierzu werden bei Roten und bei Schwarzen Johannisbeeren die Haupttriebe, also die Triebe, die direkt am Boden entstanden sind, um ein Drittel oder ein Viertel des Neutriebes zurückgeschnitten. Seitentriebe, die an diesen Haupttrieben entstehen, bleiben ungeschnitten. Schon beim Aufbauschnitt der Johannisbeersträucher sollte man darauf achten, daß schwache oder z. B. von Blattlausbefall gekrümmte Triebe direkt am Boden oder bei Stämmchen direkt an der Kronenbasis abgeschnitten werden. Wildtriebe bei der Stämmchenkultur schneidet man direkt an der Entstehungsstelle ab.

Pflegeschnitt. Die Hauptaufgabe des Pflegeschnittes bei allen Johannisbeerarten ist es, die Sträucher auch in fortgeschrittenem Alter noch trieb- und fruchtfähig zu halten. Ein Strauch, der jahrelang nicht geschnitten wurde, bildet kaum noch Neutriebe und trägt nur kleine Früchte; er vergreist, wie der Fachmann sagt. Um dies zu verhindern, sollte man die Sträucher konsequent durch den Pflegeschnitt verjüngen. Die Zahl der Haupttriebe darf bei Roten Johannisbeeren sechs bis acht und bei Schwarzen Johannisbeeren acht bis zehn nicht überschreiten. Das bedeutet, daß man in jedem Jahr einige alte Triebe, die man an ihrer Dicke und dem dunklen Holz erkennt, am Boden abschneidet bzw. auch nur drei bis vier Bodentriebe, die als Nachwuchs in späteren Jahren dienen sollen, beläßt. Alle schwachen Bodentriebe werden entfernt. Die Seitentriebe, die sich an den Haupttrieben gebildet haben, bleiben ungeschnitten.

Stachelbeerstämmchen nach dem Schnitt.

Schnitt der Stachelbeere

Pflanzschnitt. Stachelbeeren zeigen in den ersten Jahren nur einen mittelmäßigen Wuchs und sollten deshalb beim Pflanzen gleich stärker zurückgeschnitten werden. Der Rückschnitt erfolgt auf 25–30 cm. Durch diese Maßnahme hat die Pflanze die Möglichkeit, bei guter Pflege schon in den ersten beiden Jahren einen vollwertigen Strauch zu bilden. Wenn der Stachelbeerstrauch schon mehr als vier Haupttriebe bei der Pflanzung hat, sollte man einige schwächere Triebe gleich entfernen, damit die Pflanze von Anfang an locker wächst. Die Wurzeln schneidet man nur leicht zurück, damit viele Faserwurzeln erhalten bleiben. Abgeknickte Wurzeln müssen entfernt werden.

Erziehungsschnitt. Der Aufbauschnitt beschränkt sich bei Stachelbeeren auf die ersten beiden Standjahre. Dann hat der Strauch die nötige Haupttriebszahl von vier bis fünf Stück. Nur wenn die Pflanze zu schwach wächst, schneidet man die Haupttriebe nochmals um ein Viertel oder ein Drittel zurück, damit das Wachstum angeregt wird. Die Seitentriebe bleiben ungeschnitten. Bei starkem Wuchs schneidet man die Haupttriebe nicht mehr zurück, da sonst die Pflanze zu

dicht wird. Ein weiterer Effekt dieses »Laufenlassens« der Haupttriebe besteht darin, daß der Stachelbeerstrauch früh in die Ertragsphase kommt, also schon in den ersten Jahren blüht und Früchte trägt.

Pflegeschnitt. An älteren Stachelbeersträuchern wird viel zu viel herumgeschnippelt. Dadurch werden die Sträucher immer dichter und die Früchte immer kleiner und fader. Beim Ernten ist bei dichten Büschen die Verletzungsgefahr durch die Stacheln sehr groß. Zum Schneiden und Ernten sollte man daher immer entsprechende Handschuhe tragen. Die Zahl der Haupttriebe muß man aus den genannten Gründen auf vier bis fünf beschränken. Die Haupttriebe schneidet man nicht zurück. Jährlich schneidet man also einige ältere Haupttriebe direkt an der Entstehungsstelle ab. Von den vielen neuen Bodentrieben beläßt man immer nur zwei bis drei, damit der Strauch nicht zu dicht wird. Alle Seitentriebe bleiben ungeschnitten. Nur bei starkem Mehltaubefall der Pflanze, den man im Winter an den dunkelbraunen Endknospen der Triebe erkennen kann, werden die befallenen Triebe entspitzt. Die abgeschnittenen Triebe sollte man aus dem Garten entfernen und verbrennen.

Pflanzenschutzmittel ja oder nein

Schädlinge und Krankheiten an Bäumen und Beerenobststräuchern nehmen immer mehr zu und kosten den Hobby-Gärtner einen großen Teil seiner Ernte. Oft werden sogar ganze Bäume ein Opfer von Schädlingsbefall. Die Pflanzenschutzmittelindustrie bietet heute gegen alle Krankheiten und Schädlinge im Obstgarten Präparate an, die bei richtiger Anwendung und Einhaltung der Wartezeiten als unschädlich für den Menschen betrachtet werden können. Auf den Verpackungen sind immer sowohl die Konzentration als auch die vom Gesetzgeber vorgeschriebene Wartezeit aufgedruckt. Die Wartezeit ist die Zeit zwischen dem Tag der Spritzung und der Zeit, nach der man die Früchte essen kann. Wenn man darauf achtet, daß die angegebenen Konzentrationen eingehalten werden, baut sich das Pflanzenschutzmittel innerhalb der Wartezeit durch chemische Vorgänge in der Pflanze oder in der Frucht soweit ab, daß die Früchte nach der Wartezeit ohne Bedenken verzehrt werden können. Die Bundesrepublik Deutschland hat das schärfste Pflanzenschutzmittelgesetz der Welt und achtet über die verantwortlichen Institutionen streng darauf, daß nur unbedenkliche Mittel nach jahrelangen Tests zugelassen werden. So sind auch keine Pflanzenschutzmittel mehr erlaubt, die vom Körper gespeichert werden können, so daß auch der jahrelange Verzehr von gespritztem Obst praktisch risikolos ist. Trotzdem predigen einige Interessengruppen die »biologisch-dynamische« Erzeugung von Obst und Gemüse.

Jeder Obstgartenbesitzer hat die Qual der Wahl zwischen ungespritztem Obst und Früchten, die durch Anwendung von Pflanzenschutzmitteln frei von Schädlingen und Pilzkrankheiten sind. Für viele ist der goldene Mittelweg deshalb nicht das vorbeugende Spritzen gegen eventuell auftretende Schädlinge und Krankheiten, sondern das Beobachten der Obstbäume auf Schädlingsbefall und das Spritzen der Pflanzen, wenn eine bestimmte Schadschwelle überschritten wurde.

Alle Pflanzenschutzmittel sollten in abschließbaren Räumen vor Kindern sicher aufbewahrt werden. Beim Spritzen sollte man das Rauchen und Trinken oder Essen unterlassen und darauf achten, daß Windstille herrscht. Die ausgebrachten Spritzmittel sollten nur die zu behandelnden Bäume und Sträucher treffen und nicht andere eßbare Pflanzen, die unter den Bäumen oder in der Nähe stehen.

Krankheiten wie z. B. der Schorf (oben), oder Schädlinge wie der Apfelwickler (unten) nehmen oft im Obstgarten überhand. Sie sollten gezielt bekämpft werden.

Die Kern-, Stein-, Schalen- und Beerenobstarten

(Ansprüche, Pflanzzeit, Düngung, Schädlinge und Krankheiten, bewährte Sorten)

Apfel

Die Standortansprüche eines Apfelbaumes sind im Vergleich zu anderen Obstarten relativ gering. Abgesehen von gefährdeten Frostlagen oder von Böden mit Staunässe kann man mit einer entsprechenden Unterlage auf fast allen Bodenarten Apfelbäume pflanzen. Der Trend zu kleineren Bäumen ist gerade bei dieser Obstart unübersehbar, zumal jeder Hobby-Gärtner, der seine Bäume in einer Baumschule oder im Fachversandhandel kauft, die richtige Sorte auf der richtigen Unterlage erhalten kann.

Die Pflanzzeit von Apfelbäumen geht von Ende Oktober bis Anfang April, die Frost- oder Schneeperioden ausgenommen. Dabei gilt der Leitsatz, daß ein Baum, der vor Weihnachten gepflanzt wird, anwachsen *muß*; ein Baum der erst nach dem Jahreswechsel gepflanzt wird, anwachsen *kann*. Bäume, die also schon im November gepflanzt werden, wachsen besser, da die Wurzeln der Bäume bis zu Temperaturen um 0 Grad C entwicklungsfähig sind. Der Baum geht dann mit mehr Wurzeln ins nächste Frühjahr und kann Trockenzeiten besser überstehen. Entscheidend für die Wüchsigkeit und Fruchtbarkeit eines Baumes ist *die Unterlage*, die wiederum vom Boden abhängig ist. In Gärten mit besseren Böden empfiehlt sich die Unterlage Typ M 9, die den Wuchs des Baumes bremst, dafür aber die Fruchtbarkeit erhöht. Auch der Ertragsbeginn kann durch diese ideale Unterlage verfrüht werden. Apfelbäume, die auf Typ M 9 veredelt sind, kann man so niedrig halten, daß sie auch später vom Boden aus zu ernten und zu schneiden sind. Die Alternanz, das periodische Tragen der Bäume, wird durch schwachwachsende Unterlagen positiv beeinflußt. Der Pflanzabstand dieser Bäume beträgt, je nach Sorte, nur 125–200 cm. Man kann also auf relativ engem Raum mehrere Apfelsorten pflanzen. Für schwachwachsende Sorten wie James Grieve, Jonathan, Oldenburg oder Idared, ist die Unterlage Typ M 26 eine bewährte Möglichkeit, auf besseren Böden diese Sorten zu pflanzen und die Bäume klein zu halten. Wenn am gleichen Standort schon Apfelbäume standen, sollte man aus Gründen der Bodenmüdigkeit ebenfalls die Unterlage Typ M 26 bevorzugen. Böden mit größeren Sandanteilen, sogenannte leichtere Böden, bremsen durch mangelnden Nährstoff- und Humusgehalt das Wachstum der Apfelbäume. In diesem Falle sollten die Unterlagen Typ M 4 und Typ M 7 oder Typ MM 106 Verwendung finden. Für Sandböden ist die Unterlage Typ M 11 die einzige Möglichkeit, noch Apfelbäume mit ausreichender Wuchskraft zu kultivieren. Die schwedische Unterlage Typ A 2 hat sich auf sehr trockenen Standorten besonders gut bewährt.

Die Düngung sollte sich immer nach der Wüchsigkeit der Bäume richten. In den ersten zwei bis drei Jahren genügt eine Gabe von einer bis zwei Handvoll Blaukorn (Nitrophoska blau), die man im April verabreicht und leicht einarbeitet. Später, wenn der Baum in den Ertrag kommt, sollte man im Winter Thomasmehl und Kali ver-

Roter Berlepsch

Roter Boskoop (rechts)

abreichen. Die Stickstoffgaben richten sich nach der Wüchsigkeit des Baumes. Hat der Baum im letzten Jahr wenig Neutrieb (unter 10 cm) ausgebildet, sollte man das Triebwachstum durch Ausbringung von Kalkstickstoff im Winter oder einer Gabe von Kalkammonsalpeter im April anregen. Wenn man eine größere Ernte erwartet, kann man dem Baum noch im Juni durch eine Gabe von Kalksalpeter die benötigten Nährstoffe verabreichen. Gedüngt wird grundsätzlich in der Kronentraufe, das ist die Zone, die den Außenrand der Krone bildet.

Schädlinge und Krankheiten können die Früchte, aber auch Blätter und Triebe stark beeinträchtigen. Für die wurmigen Früchte ist der Apfelwickler, auch Obstmade genannt, verantwortlich. Durch eine bis zwei Behandlungen mit Gusathion, Ultrazid oder Perfektion bei Walnußgröße der Äpfel kann man die Schäden verhindern. Die verbreitetste Krankheit ist der Apfelschorf. In nassen Jahren befällt er Blätter und Früchte und setzt die Qualität der Äpfel stark herab. Diesen Pilz erkennt man an runden, dunklen Flecken an Blättern und Früchten. Hauptschorfgefahr besteht in den Monaten Mai und Juni. Spritzungen mit Pomuran oder Orthocid können den Befall verhindern oder eingrenzen.

In warmen Jahren schädigt der Mehltaupilz, an den weiß überzogenen Trieben und Blättern zu erkennen, die Bäume. Dieser Pilz ist am besten bis zur Blüte mit Schwefel und nach der Blüte mit Bayleton oder Kumulan zu bekämpfen. Weitverbreitete Schädlinge im Apfelanbau sind auch die Blattlaus und die Rote Spinne. Die Blattlaus vermehrt sich besonders bei warmem Wetter und wird dann zur Plage. Durch ihre Saugtätigkeit an den Blättern und Trieben beeinträchtigt sie die Assimilation. Die Folge davon sind Blatt- und Triebverkümmerung, die Früchte bleiben klein. Auf den Ausscheidungen der Blattläuse siedeln sich Rußtaupilze an und überziehen die Pflanzenteile mit einem schwarzen Belag. Blattläuse fliegen immer die Triebspitzen an und vermehren sich dort in Massen. Ein Abschneiden dieser erstbefallenen Triebe bringt eine spürbare Entlastung. Eine gründliche Bekämpfung kann aber nur mit wirksamen insektenvernichtenden Mitteln (Insektiziden), wie z. B. Metasystox, Gusathion oder E 605 erreicht werden. Ein gutes Mittel mit einer Wartezeit von nur vier Tagen ist Unden. Auch eine Bekämpfung mit Folidol-Öl beim Austrieb im Frühjahr bringt eine spürbare Besserung. Ein Schädling, der vom Laien oft übersehen wird, weil er nur mit der Lupe zu erkennen ist, ist die Rote Spinne. Auch sie schädigt durch ihre Saugtätigkeit. Die Blätter sind nicht mehr grün, sondern bekommen einen

Apfelneuheit Mutsu *Cox-Orange (rechts)*

bronzenen Farbton. Rote Spinne wird am besten mit Plictran bekämpft. Bei allen Pflanzenschutzmitteln müssen unbedingt die Wartezeiten und Mengen exakt eingehalten werden.

Bewährte Sorten im Apfelanbau sind Weißer Klar und Lodi als Frühsorten, die aber beide nicht lange haltbar sind. Die Sorte James Grieve ist aromatisch und länger haltbar. Goldparmäne, Cox Orange und Berlepsch sind Sorten für den Obstgartenfreund mit Geschmack. Sogenannte Lagersorten, die man mehrere Monate lagern kann, sind Roter Boskoop, Golden Delicious, Jonathan und Ontario. Besonders für Diabetiker ist der Ontario sehr gut geeignet. In den letzten zehn Jahren machen aromatische und gut haltbare Neuheiten von sich reden, die zum Teil beim Verbraucher beliebter sind als die älteren Sorten. Zu diesen gehören die Sorten Gloster, Jonagold, Melrose, Mutsu und Idared. Die letzte Sorte ist sehr Vitamin-C-haltig und läßt sich, genau wie die Sorte Melrose, im Keller bis April, Mai lagern. Ausgezeichnete mittelfrühe Neuheiten sind Jamba und Alkmene. Die Spätsorte Granny Smith, die bei der jüngeren Generation beliebt ist, reift allerdings nur in Weinbaugebieten.

Gloster

Birne

Die Standortansprüche der Birne sind nicht nur vom Boden abhängig, sondern auch vom Klima. Frostlagen mit hoher Spätfrostgefahr
sind für den Birnenanbau kaum geeignet, da die Birnenblüte sehr
frostanfällig ist. Gegen kalte Böden oder Böden mit Staunässe ist die
Birne auch allergisch und reagiert mit Kümmerwuchs oder mit
Chlorose (Bleichwerden grüner Pflanzenteile bei mangelnder Bildung von Blattgrün). Birnbäume können von Ende Oktober bis Ende
März, Frost- und Schneeperioden ausgenommen, gepflanzt werden.
Die Baumabstände sind von der *Unterlage* abhängig. Auf leichteren,
sandigen Böden wird bei Birnen die Unterlage Sämling verwendet.
Diese Unterlage ist starkwachsend; die Erträge setzen erst relativ
spät ein. Der Pflanzabstand beträgt 3–4 m. Die Unterlage, die bei
besseren Böden (Lehmböden) unbedingt verwendet werden sollte,
ist die Quitte. Sie ist schwachwachsend, die Bäume auf Quitte tragen
früher und regelmäßiger. Mit einem Teil der Sorten ist die Quitte
unverträglich, der Baumschuler regelt diese Unverträglichkeit durch
die Einschaltung einer mit Quitte verträglichen Sorte, z. B. der Gellerts Butterbirne. Diese Sorte wird zwischenveredelt, Birnbäume auf
Quitte sind also meist zweimal veredelt. Bei Böden mit zu hohem
Kalkgehalt oder Staunässe reagiert die Quittenunterlage mit Chlorose, also mit Blattvergilbungen.
Die Düngung der Birnbäume sollte so gering wie möglich gehalten
werden. In den ersten vier Jahren wird bei genügendem Wuchs ganz
auf die Düngung verzichtet. Bei Einsetzen der Erträge genügt eine
jährliche Düngergabe mit einem Volldünger, z. B. Nitrophoska blau.
Auch bei Birnen gibt es eine Reihe von *Schädlingen und Krankheiten*,
die Schäden an den Bäumen und Früchten hervorrufen. Der Hauptschädling ist, ähnlich wie beim Apfel, der Apfelwickler, auch Obstmade genannt. Dieser Schädling tritt Ende Juni bis Mitte Juli auf und
kann durch eine bis zwei Spritzungen mit Gusathion, Ultrazid oder
Perfektion bekämpft werden. Den immer stärker auftretenden Birn-
blattsauger, der zu Blatt- und Triebdeformationen führt, bekämpft
man mit Ambush. Die gefährlichste Pilzkrankheit im Birnenanbau ist
der Birnenschorf. Er befällt Blätter und Früchte und ist an samtig-
schwarzen, runden Flecken an den Blättern und Früchten zu erkennen. Dieser Pilz tritt besonders nach längeren Regenfällen auf und

Rote Williams

Alexander Lucas

also ohne Befruchtung Früchte. Die Sorte ist eine Mutation der Sorte Vereinsdechants und ist sehr gut zum Frischverzehr und zum Einmachen geeignet.

Pfirsich und Nektarine

Die Standortansprüche von Pfirsich und Nektarine sind sehr hoch. Beide Obstarten sind nur auf wärmsten Standorten zu empfehlen, da Winter- und Spätfröste die Blüte oder sogar den ganzen Baum mehr oder weniger stark schädigen. Die besten Voraussetzungen für eine zufriedenstellende Kultur bieten die deutschen Weinbaugebiete, in denen die klimatischen Voraussetzungen dafür vorhanden sind. Stark kalkhaltige Böden oder Standorte mit Staunässe scheiden für den Anbau aus. Die Baumabstände bei Pfirsichen und Nektarinen liegen bei 4 m. *Die Pflanzzeit* beider Obstarten beschränkt sich auf die Wochen im zeitigen Frühjahr, in denen nicht mehr mit stärkeren Frösten zu rechnen ist; also Ende März bis Anfang April. Man sollte nur einjährige Ware pflanzen, damit der Baum auch in den ersten Jahren zügig wächst. Pfirsiche und Nektarinen pflanzt man auf *der Unterlage* Pfirsich-Sämling, da sich die Unterlage St. Julien als zu schwachwachsend erwiesen hat. Die Unterlage Brompton gilt als relativ frosthart, ist aber kaum erhältlich. Der Pfirsichbaum benötigt für ein zügiges Wachstum viel Wasser. Um den Boden feucht zu halten, kann man die Baumscheiben mit Torf, Stroh oder Grasmulch abdecken.

Die Düngung ist entscheidend für ein ausreichendes Trieb- und Fruchtwachstum. In den ersten beiden Jahren streut man im Kronenbereich eine bis zwei Handvoll Volldünger in den Monaten April oder Mai. Wenn der Baum in die Ertragsphase kommt, sollte man, außer einer jährlichen Grunddüngung mit Thomasmehl und Kali, im Winter auch noch eine stärkere Stickstoffdüngung anwenden. Entweder gibt man den Stickstoff in Form von Kalkstickstoff im Dezember oder Januar, oder man düngt im April mit Kalkammonsalpeter. Bei mangelhaftem Neutrieb kann man noch im Juni eine Gabe mit Kalksalpeter einsetzen. Gegen *Schädlinge und Krankheiten* muß man termingerecht bzw. sogar vorbeugend spritzen. Die Hauptkrankheit des Pfirsichs und der Nektarine ist die Kräuselkrankheit. Gegen diesen Pilz, der schon im zeitigen Frühjahr durch die Knospenschuppen in die Leitungsbahnen des Baumes eindringt, kann man nur durch vorbeugende Maßnahmen etwas ausrichten. Aus diesem Grund muß die Bekämpfung schon beim Schwellen der Knospen einsetzen. Dieser Zeitpunkt ist meist schon im März gegeben. Die besten Mittel sind Questuran, Delan oder Orthocid. Spätere Spritzungen, wenn die Krankheit schon zu sehen ist, bringen keinen Erfolg mehr. Bei den Schädlingen werden Blattläuse und auch Rote Spinne in wärmeren

wird durch Spritzungen mit Pomuran, Delan oder Orthocid bekämpft. Mit den gleichen Pflanzenschutzmitteln kann man auch den Gitterrost (rote Flecken auf der Blattoberseite) bekämpfen. Das sogenannte Birnensterben, das von Mycoplasten hervorgerufen wird, ist bisher nicht zu bekämpfen. Die Birnenbäume zeigen vorzeitige Laubfärbung und sterben teilweise oder ganz ab.

Bewährte Sorten sind Trevoux und Clapps Liebling als Frühsorten und Williams Christ, die im August, September reift und sehr gut zum Einmachen geeignet ist. An Spätsorten, die sich länger lagern lassen, haben sich besonders Gellerts Butterbirne und Alexander Lucas bewährt. Eine neue, interessante Sorte, die in den nächsten Jahren auch in Deutschland zu erhalten ist, hat weder Kerngehäuse noch Kerne. Sie heißt General le clerc und ist jungfernfrüchtig. Sie bildet

Nektarine (oben)

Pfirsich (rechts)

Sommern zu einem Problem. Blattläuse bekämpft man mit Metasy-stox oder Unden, Rote Spinne mit Plictran. Wenn ganze Äste absterben, dann ist die Ursache meist die Valsa-Krankheit, die nur durch Abschneiden der befallenen Triebe zu bekämpfen ist.

Bewährte Sorten sind Roter Ingelheimer als Frühsorte oder Robert Blum. Als besonders kälteunempfindliche Spätsorte, die auch in etwas rauheren Gebieten noch gedeiht, hat sich die Sorte Roter Ellerstadter erwiesen. Die neueren Sorten Red Haven und South Haven sind äußerst aromatisch und gelbfleischig, sollten aber nur in wärmeren Klimaten angebaut werden. Um eine gute Qualität mit großen, aromatischen Früchten zu erzielen, dünnt man den Fruchtbehang bei etwa Haselnußgröße so stark aus, daß eine Faust zwischen die verbleibenden Früchte paßt. Nektarinenbäume sind in Versandbaumschulen, z. B. Gartenquelle in 8510 Fürth, erhältlich.

Quitte

Sauerkirsche

Quitte

Diese Obstart wird in den Hausgärten zu Unrecht etwas stiefmütter- lich behandelt. Die Hausfrau, die für die Familie Marmelade und Gelees kocht, sollte auf die Quitte nicht verzichten. *Die Standortan- sprüche* der Quitte sind gering. Sie wächst auf fast allen Böden und kommt auch noch mit etwas rauherem Klima zurecht. Gegen scharfe Winterfröste ist der Baum allerdings empfindlich. Die Quittenedelsor- ten sind auf der Unterlage Quitte veredelt und zeigen einen mittleren bis stärkeren Wuchs. Der Baum benötigt einen Pflanzabstand von ca. 4 m. Quittenbäume sollten nur in Jahren mit großen Erträgen *gedüngt* werden. Zur Neutriebbildung reicht bei starkem Behang pro Quadrat- meter eine Gabe von 50–80 Gramm Kalksalpeter im Monat Juni aus. Wirtschaftlich bedeutende *Schädlinge und Krankheiten* treten kaum auf. *Bewährte Sorten* sind vor allem Leskovazc und Beretzki. Der Unterschied zwischen Apfel- und Birnenquitte bezieht sich auf die äußere Form. Apfelquitten sind runder und breiter geformt als Birnenquitten, die eine längliche Birnenform aufweisen. Die Früchte für die Marmelade- und Geleegewinnung sollte man gut am Baum aus- reifen lassen, da nur dann der optimale Reifezustand mit den höch- sten Aromawerten erreicht wird. Quittenfrüchte sind bei günstiger Lagermöglichkeit mehrere Monate haltbar.

Sauerkirsche

Die Standortansprüche der Sauerkirsche sind im Vergleich zum Pfir- sich gering. Man kann sowohl auf leichteren Böden als auch auf Standorten mit schwereren Böden Sauerkirschen pflanzen. Lediglich extreme Frostlagen oder Böden mit Staunässe schränken den Anbau ein. Die Pflanzweite beträgt 4 m. Die beste Pflanzzeit ist entweder der November oder das zeitige Frühjahr. *Die Unterlagen* spielen bei der Sauerkirsche eine entscheidende Rolle. Während man auf leichteren Böden die Weichselkirsche *(Prunus mahaleb)* bevorzugt, verwendet man auf schwereren Böden die Vogelkirsche *(Prunus avium)*.
Die Düngung richtet sich nach dem Wachstum des Baumes. Bei schwacher Neutriebbildung wird die Stickstoffdüngung erhöht, bei starker Neutriebbildung kann man auf jegliche Düngung verzichten. Diese Neutriebbildung wird natürlich auch durch den Schnitt beein- flußt. Sauerkirschbäume, die stark zurückgeschnitten werden, trei- ben logischerweise stärker aus als Bäume, die nur wenig geschnitten werden. Im Vollertrag düngt man die Bäume im Winter mit Thomas- mehl und Kali und ergänzt die Düngung je nach Bedarf mit einem der

Viele der aromatischen Früchte aus dem Obstgarten eignen sich besonders gut zum Einmachen.

unter Pfirsich genannten Stickstoffdünger. Auch Düngergaben im April durch einen Volldünger (z. B. Nitrophoska blau) reichen bei normalem Wachstum aus, um den Baum mit den wichtigsten Hauptnährstoffen, Phosphor, Kali und Stickstoff zu versorgen. Düngermengen von 80–100 Gramm pro Quadratmeter reichen absolut aus.

Zu den *Schädlingen und Krankheiten* zählen in erster Linie Blattläuse, Rote Spinne, Monilia und die Schrotschußkrankheit. Blattläuse kann man sicher mit Unden oder Metasystox vernichten, gegen Rote Spinne wird am besten Plictran eingesetzt. Von den Pilzkrankheiten ist die Monilia am meisten verbreitet. Besonders in feuchten Jahren tritt dieser Pilz stark auf und bringt Zweige oder ganze Astpartien zum Absterben (Zweigdürre). Der Pilz infiziert die Pflanzenteile bereits während der Blüte. Zu diesem Zeitpunkt muß deshalb auch schon eine Bekämpfungsmaßnahme erfolgen, die nach zehn Tagen wiederholt werden sollte. Die bewährtesten Pilzbekämpfungsmittel sind Orthocid oder Pomuran. Auch Antracol hat sich in der Praxis als sehr wirksam erwiesen. Weitere Pilzkrankheiten sind die Schrotschuß- und die Sprühfleckenkrankheit. Die Schrotschußkrankheit ist an den wie durch einen Schrotschuß durchlöcherten Blättern zu erkennen, während bei der Sprühfleckenkrankheit die Blätter verschieden große und gefärbte Flecken zeigen. Die Krankheiten müssen ebenfalls vorbeugend zur Blütezeit mit den gleichen Mitteln wie gegen Monilia bekämpft werden. In Waldnähe richten Vögel oft größere Schäden an den Knospen im Frühjahr oder an den Früchten selbst an. Die sicherste Bekämpfungsmethode ist hier das Überspannen der Bäume mit Kunststoffnetzen.

Die bewährteste *Sauerkirschensorte* für den Hausgarten ist noch immer die bekannte Schattenmorelle. Sie ist, abgesehen von Ausfalljahren durch Spätfröste, ein regelmäßiger Träger. Wenn man die Sauerkirschensaison verfrühen bzw. verlängern will, sind auch die Sorten Heimanns Rubin und Ludwigs Frühe sehr empfehlenswert. Neuere Züchtungen, ebenfalls in Fruchtgröße, Ertrag und Aroma hervorzuheben, sind Morellenfeuer und Beutelspacher Rexelle. Die Ernte der Früchte sollte unbedingt mit Stiel erfolgen, da sonst schon bei der Ernte ein Teil des Fruchtsaftes verlorengeht und die Haltbarkeit der Früchte stark herabgesetzt wird.

Süßkirsche

Die Standortansprüche der Süßkirsche setzen für eine zufriedenstellende Kultur frostfreie Lagen und nicht zu hohe Kalkgehalte im Boden voraus. Die Bäume beanspruchen sehr viel Platz und sollten mit einem *Pflanzabstand* von 6–8 m je nach Bodenqualität und Sorte gepflanzt werden. Die Bäume können an frostfreien Tagen, vorrangig im November, aber auch noch im zeitigen Frühjahr (März), gepflanzt werden. *Die Hauptunterlage* für Süßkirschen ist die Vogelkirsche (Prunus avium). Bäume auf dieser Unterlage wachsen stark und fruchten erst nach sechs bis sieben Jahren. Kleinere Bäume, die früher tragen und eine bis zu einem Drittel kleinere Krone bilden, sind auf der Unterlage F 12/1 veredelt. Neuere Versuche in Deutschland, England und Belgien mit Süßkirschensorten, die auf Zierkirschen veredelt sind, versprechen für die Zukunft auch dem Hobby-Gärtner kleinere Bäume. Dann wird es vielleicht möglich sein, den größten Teil dieser edlen Früchte vom Boden aus zu ernten. *Die Düngung* bei Süßkirschen sollte sich auf Thomasmehl und Kali im Winter beschränken, da jede höhere Stickstoffgabe den bei Süßkirschen gefürchteten Harzfluß, das sogenannte »Bluten« der Bäume fördert. Aus diesem Grund sollte auch der Schnitt schon im September erfolgen.

Der Hauptschädling bei den Süßkirschen ist die Kirschfruchtfliege, die für die Vermadung der Kirschen verantwortlich ist. Frühe Kirschensorten sind nicht anfällig, da dieses Insekt erst spät mit der Flugzeit und der Eiablage beginnt. Um die Vermadung der Früchte bei späteren Süßkirschensorten zu vermeiden, sollte man die Bäume vorbeugend mit einem Insektizid, z. B. Lebaycid, spritzen. Der Zeitpunkt der Spritzung richtet sich nach der Flug- und Eiablagezeit der

Süßkirsche

Kirschfruchtfliege. Auch hellgrüne Klebebänder, die man zur Flugzeit der Kirschfruchtfliege in die Bäume hängt, haben sich bewährt.
Der genaue Flugzeitpunkt dieser Fliegen kann bei den Pflanzen-
schutzämtern oder bei den Landwirtschaftsschulen erfragt werden.
Der Bekämpfungszeitpunkt ist dann günstig, wenn die Kirschen sich
zu färben beginnen. Zu beachten ist die Wartezeit, die unbedingt
eingehalten werden muß. Ein weiterer, ernstzunehmender Schädling
bei der Süßkirsche ist die Kirschblattlaus, die sich meistens kurz vor
der Ernte in großen Mengen vermehrt. Zu diesem Zeitpunkt sollte
man ein Bekämpfungsmittel mit kurzer Wartezeit, z. B. Unden, einsetzen. *An Krankheiten* sind vor allem die Schrotschußkrankheit und die
Sprühfleckenkrankheit zu nennen, die einen Teil des Blattgrüns zer-
stören und schon während der Blüte mit Fungiziden, wie z. B. Orthocid, bekämpft werden müssen. Das weitverbreitete »Bluten« der Süßkirsche kann der Hobby-Gärtner verhindern, indem er zu kalkhaltige
Standorte meidet, wenig Stickstoff düngt und den Baumschnitt auf die
Herbstmonate September und Oktober beschränkt. Gegen Vogel-
schäden helfen nur Kunststoffnetze, die man über die Bäume spannt
und nach der Ernte gleich wieder abnimmt, damit man sie mehrere
Jahre verwenden kann.
Die besten Sorten sind Frühe Meckenheimer, Hedelfinger, Schneiders Knorpel und Haumüller. Bewährte Neuheiten heißen Sam und
Van.

Aprikose

Die Standortansprüche dieser Obstart sind sehr hoch. Nur in klima-
tisch günstigen Gebieten Deutschlands gedeihen die Bäume so, wie
es sich der Obstgartenfreund wünscht. Blüte und Holz sind frostempfindlich und leiden in kalten Wintern oder bei scharfen Spätfrösten
sehr. Der Boden sollte nährstoffreich, humos und nicht zu schwer
sein. Standorte mit Staunässe scheiden aus. Diese Obstart benötigt
viel Sonne und müßte deshalb an die Südseiten der Häuser gepflanzt
werden. *Die Pflanzzeit* wird wegen der Frostempfindlichkeit auf den
Monat März eingeschränkt. *Die Pflanzweite* beträgt 5–6m. *Die Düngung* richtet sich nach dem Wuchs des Baumes. Bei ausreichendem
Neutrieb sollte man auf eine höhere Stickstoffgabe verzichten und
nur mit einem Volldünger, z. B. Nitrophoska blau, arbeiten. Dieser
Dünger wird im zeitigen Frühjahr leicht in den Boden eingearbeitet.
Sollte der Neutriebzuwachs zu wünschen übrig lassen, kann man das
Wachstum durch eine Stickstoffgabe im Winter mit Kalkstickstoff oder
in den Monaten April–Mai mit Kalkammonsalpeter anregen. Die Wur-
zeln dieser Obstart verlaufen sehr flach und verlangen eine flache
Bodenbearbeitung. Ein Abdecken der Baumscheibe mit organischer

Aprikose

Masse (Stroh, Kompost, Rasenmulch) hat sich ausgezeichnet bewährt. Unter den *Schädlingen und Krankheiten* ist das Aprikosenster-
ben am häufigsten. Diese Krankheit ist nicht zu bekämpfen, da die
Ursachen in physiologischen Störungen im Boden zu suchen sind.
Bei Blattlausbefall kann man Metasystox oder Unden einsetzen.
Aprikosen sind selbstfruchtbar, man benötigt also keine Befruchter-
sorte. *Die bewährtesten Sorten* sind Mombacher Aprikose und Unga-
rische Beste. Aprikosenbäume sollte man nur auslichten und wenig
zurückschneiden, damit der Baum früher in die Ertragsphase kommt.

Zwetschen

Pflaume und Zwetsche

Die Ansprüche dieser Obstarten an den Boden und an die klimatischen Verhältnisse sind relativ gering. Beide Obstarten lassen sich sowohl auf leichteren sandigen Böden, als auch auf schwereren lehmigen Böden mit Erfolg kultivieren. Auch hier bestimmt inzwischen der Trend zu kleineren Bäumen die Anbaurichtung. Früher wurde die Mehrzahl der Zwetschen- und Pflaumenbäume auf der starkwachsenden *Unterlage* Myrobalane gepflanzt. Hohe Bäume und später einsetzende Erträge waren die Folge. Aus inzwischen jahrelangen Erfahrungen weiß man, daß auch die schwachwachsende Unterlage St. Julien sogar auch auf leichteren Böden ausgezeichnet wächst. Kleinkronige, niedere Bäume mit schon im dritten Standjahr

einsetzenden Erträgen sind im Zusammenhang mit einer neuen Erziehungsmethode durchaus zu erreichen. Die Bäume werden nicht viel höher als 2,50 m, so daß man sie fast vom Boden aus schneiden und ernten kann. *Die beste Pflanzzeit* ist von November bis März, die Frost- und Schneetage ausgenommen. Auch für Steinobst gilt die Erfahrung, daß im November gepflanzte Bäume besser anwachsen, als die im Frühjahr gesetzten; mit Ausnahmen mit Pfirsichen und Nektarinen. *Die Pflanzabstände* sind abhängig von den Bodenverhältnissen und der Unterlage. Bäume auf Myrobalane benötigen einen Baumabstand von ca. 5 m, während Bäume auf St. Julien mit einem Pflanzabstand von 4 m auskommen. *Die Düngung* von Pflaumen und Zwetschen sollte nur bei zu schwachem Wuchs oder bei zu hohen Erträgen erfolgen. In diesen Fällen ist eine Düngergabe im April mit einem Volldünger, z. B. Nitrophoska blau, absolut ausreichend.

Der Hauptschädling bei Pflaumen und auch bei Zwetschen ist der Pflaumenbohrer oder Pflaumenwickler, der für die Vermadung dieser Obstarten verantwortlich zu machen ist. Die Früchte, die von der Made befallen sind, fallen teilweise schon vor der Reife ab. Eine wirksame Gegenmaßnahme ist eine Spritzung ca. drei Wochen vor der Reifezeit mit Gusathion oder Perfektion. Der Spritztermin hängt also von der Witterung und der klimatischen Lage ab. Weitere Schädlinge sind Blattläuse und Rote Spinne. Schon im Winter kann man durch eine Spritzung mit Hivertox oder Gebutox die Ausbreitung verhindern, da bis zu 90 Prozent der Wintereier beider Schädlinge abgetötet werden. Die gleichen Erfolge erzielt der Hobby-Gärtner mit einer Austriebsspritzung im Knospenstadium bis zur Bildung von kleinen Blättchen mit Folidol-Öl. Bei einer Bekämpfung in der Vegetationsperiode stehen Metasystox, Unden oder gegen Rote Spinne Plictran zur Verfügung. Die gefährlichste *Krankheit* ist die Scharka-Krankheit, gegen die aber bisher noch jede Bekämpfungsmethode versagt hat.

Zu den bewährten *Frühsorten* zählen Zimmers, Ersinger und Ruth Gerstedter, sehr gute Spätsorten sind Hauszwetsche, Ortenauer und als Pflaume für den Frischverzehr die Sorte President.

Für den Obstgartenbesitzer gibt es von Juli bis November überall im Garten etwas zu ernten. Mit Recht ist er stolz auf die Früchte seiner Arbeit.

Reneklode

Die Standortansprüche dieser Obstart gleichen denen von Plaume oder Zwetsche. Sie ist starkwachsend und kommt auch noch mit leichteren Sandböden zurecht. Die Blüte ist frostempfindlich, man sollte also extreme Spätfrostlagen meiden.

Die Pflanzzeit der Reneklode erstreckt sich von Ende Oktober bis März, die Schnee- und Frostperioden ausgenommen.

Der Pflanzabstand beträgt 5 m, da der Baum in den ersten zehn Jahren durch starke Neutriebbildung viel Platz benötigt.

Die Düngung sollte in den ersten fünf Jahren ganz unterbleiben, da der Baum bei normalen Bodenverhältnissen auch ohne Düngergaben ausreichendes Wachstum zeigt. Nach Einsetzen der Vollerträge kann man bei zurückgehendem Wuchs jährlich Düngergaben von ca. 50 Gramm eines Volldüngers je Quadratmeter verabreichen. Renekloden sind selbstunfruchtbar, das bedeutet, daß zur Bildung von Früchten immer eine andere Sorte oder eine Zwetschensorte vorhanden sein muß. Diese Tatsache erklärt die oft mangelnden Erträge bei Bäumen, die zur Blütezeit bei schlechtem Blühwetter durch die für die Befruchtung verantwortlichen Bienen oder Wildinsekten nur mangelhaft beflogen werden.

Schädlinge und Krankheiten. Die Reneklode wird von den gleichen Schädlingen und Krankheiten heimgesucht wie die Pflaume und Zwetsche.

Die bewährteste Sorte heißt Große Grüne Reneklode.

Mirabelle

Die Standortansprüche dieser Obstart sind gering. Auf warmen Standorten reifen die Früchte natürlich besser aus. Wegen ihrer großen Verwendungsmöglichkeit ist die Mirabelle in fast allen größeren Gärten zuhause. Seitdem auch für diese Obstart schwächer wachsende Unterlagen und andere Erziehungsformen gefunden wurden, ist sie auch für kleinere Gärten zu empfehlen. Mirabellenbäume kann man von Ende Oktober bis Ende März pflanzen, die

Reneklode

Frost- und Schneetage ausgenommen. *Die Pflanzabstände* hängen von der verwendeten Unterlage ab. Mirabellenbäume, die auf *der Unterlage* Myrobalane veredelt wurden, benötigen einen Pflanzabstand von mindestens 5 m. Vor allem für kleinere Gärten sollte man Mirabellenbäume auf der Unterlage St. Julien verwenden, die mit einem Baumabstand von 4 m auskommt. Bäume dieser Edelsorten-Unterlagenkombination bleiben kleiner, tragen zwei bis drei Jahre früher und bringen größere und aromatischere Früchte. Wenn man gleich zu Anfang der Kultur (in den ersten drei bis vier Jahren) einen großen Teil der Zweige und Triebe in die Waagerechte nach unten bindet, kann man ebenfalls den Ertragsbeginn verfrühen. Zu diesem Zweck kann auch die Erziehungsform Dreiastkrone (wie beschrieben) angewandt werden. Mit dieser Erziehung lassen sich die Bäume bei einer Maximalhöhe von 2,50–3 m fast vom Boden aus ernten und schneiden.

Die Düngung ist nur bei zu schwach wachsenden Bäumen oder bei Bäumen, die sehr viele Früchte ausgebildet haben, zu empfehlen. Ähnlich wie bei den Zwetschen genügt auch hier eine Düngung im April mit Nitrophoska blau oder Rustika blau. An *Schädlingen und Krankheiten* sind im besonderen Blattläuse und die Rote Spinne zu nennen. Die Bekämpfung erfolgt wie bei Pflaume und Zwetsche. Die beste *Mirabellensorte* ist nach wie vor die Nancy-Mirabelle. Alle anderen Sorten sind wieder vergessen, da sie nicht die Fruchtgröße und das sortentypische Aroma hervorbringen. In Frankreich züchtet die Obstbauwissenschaft zur Zeit noch kleinere Mirabellenbäume, das heißt, die Unterlagen, auf denen die Edelsorten veredelt werden, sind noch schwach wachsender als St. Julien. Auch die Verfrühung der Erträge ist ein Erfolg dieser Züchterarbeit. Es stehen schon jetzt Mirabellenbäume in den Forschungsinstituten, die nicht größer werden als 2,50 m und die schon im zweiten Standjahr Früchte tragen.

Walnuß

Die Standortansprüche der Walnußbäume an die klimatischen Voraussetzungen sind sehr hoch. Nur in wärmeren Klimaten und in relativ spätfrostfreien Lagen wird diese Kultur dem Hobby-Gärtner viel Freude machen. Der Baum gedeiht am besten auf humosen, nährstoffreichen Böden, läßt sich allerdings auch auf etwas leichteren Bodenarten bei entsprechender Pflege mit Erfolg kultivieren. Als bester *Pflanzzeitpunkt* hat sich der Monat März erwiesen, da dann die schärfsten Winterfröste vorbei sind. *Der Pflanzabstand* hängt von der Wahl der Unterlage ab. Früher wurde der Walnußbaum, aus Sämlingen *(Juglans regia)* herangezogen, in den Baumschulen verkauft. Diese Bäume zeigten ein sehr starkes Wachstum. Bäume auf dieser Unterlage bilden riesige Kronen und sollten deshalb einen Baumabstand von 10–12 m haben. Die Erträge setzen relativ spät ein. Gut

Mirabelle

Walnuß

sortierte Baumschulbetriebe bieten schon seit Jahren veredelte Walnüsse an, bei denen die Unterlage Schwarznuß verwendet wird. Diese Schwarznuß *(Juglans nigra)* ist schwächer im Wuchs und beeinflußt das Ertragsverhalten der Edelsorte positiv. Der Pflanzabstand von Walnußbäumen, die auf dieser Unterlage veredelt sind, sollte 8 m betragen; das Kronenvolumen dieser Bäume ist also viel kleiner. Die Erträge setzen früh, schon ab dem dritten bis vierten Standjahr ein und steigern sich schnell. Beim Pflanzen aller Walnußbäume ist darauf zu achten, daß die Pflanzerde gut mit feuchtem Torf durchmischt wird. Die Wurzeln dieser Obstart sind sehr empfindlich. Aus diesem Grund empfiehlt es sich auch, auf jede Startdüngung zu verzichten. Wenn die Möglichkeit einer Bewässerung besteht, ist es für das Anwachsen des Baumes äußerst vorteilhaft, wenn in den ersten sechs bis acht Wochen nach der Pflanzung gewässert werden kann. Das Abdecken der Baumscheibe mit Stroh, Torf, Grasmulch oder Mist dient ebenfalls einem gleichmäßigen Wachstum des Jungbaumes und sollte auch später beibehalten werden. Walnußbäume benötigen für die ersten Jahre einen Baumpfahl, damit der Wind die relativ große Krone nicht abbrechen kann. Der Baum wird unterhalb der Krone mit einem Bambusstrick oder einem dehnbaren Kunststoffanbinder locker an diesen Pfahl gebunden. *Die Düngung* sollte, wie gesagt, in den ersten Jahren ganz unterbleiben. Wasser und lockerer Boden sind viel wichtiger. Bei schwachem Wuchs oder bei hohen Erträgen wird im April mit einem Volldünger (Nitrophoska blau) gedüngt.

Schädlinge und Krankheiten an Walnußbäumen sind relativ selten. Gegen das Schwarzwerden der Schale und auch des Nußkerns, das durch einen Pilz verursacht wird, kann man schon während oder kurz nach der Blüte ein Fungizid, z. B. Orthocid, einsetzen. In den letzten Jahren pflanzt der versierte Hobby-Gärtner mehr und mehr veredelte Sorten, da die Bäume kleiner bleiben und die Erträge früher einsetzen. *Die bewährtesten Sorten* sind Weinsberg 1, eine große, wohlschmeckende Nuß; Ester Hazy 2, die in der Blüte sehr frosthart ist; die Nr. 26, die kleinkronige und reichtragende Bäume bildet und die Nr. 139, die spätaustreibend und reichtragend ist. Für spätfrostgefährdete Lagen oder Gebiete ist die zuletzt genannte Sorte sehr wertvoll, da durch den späten Austrieb der Bäume die Gefahr der Blütenfröste stark vermindert wird. Diese Sorte treibt erst nach den sogenannten Eisheiligen (Anfang Mai) aus und entgeht damit dem Erfrieren. Wenn man die Nüsse lange lagern will, sollte man sie sofort nach dem Ernten von der Schale befreien und einige Wochen luftig und trocken aufbewahren.

Haselnuß

Für die Pflanzung von zwei Haselnußsträuchern sollte eigentlich im Garten immer noch ein Platz frei sein. Da diese Obstart selbstunfruchtbar ist, der Blütenstaub der Blüte die Narben am gleichen Strauch also nicht befruchten kann, ist es ratam, zwei verschiedene Sorten nebeneinander zu pflanzen. Dadurch werden Menge und Regelmäßigkeit der Ernte positiv beeinflußt. *Die beste Pflanzzeit* bei den Haselnüssen ist der Spätherbst (Oktober bis November). Das Wurzelwachstum ist am Anfang sehr gering und kann durch das Anreichern der Pflanzerde mit feuchtem Torf günstig beeinflußt werden. Der Hobby-Gärtner, der gern experimentiert, kann sich Pflanzen dieser Art sehr leicht selbst heranziehen. An den Sträuchern im Nachbargarten oder auch im Wald biegt man junge Triebe S-förmig nach unten und läßt sie 5–8 cm in den Boden ein. Hierzu genügt es, daß man mit dem Spaten einen Spalt in den Boden sticht, und in diesen das obere Ende des Haselnußtriebes einlegt und den Boden wieder andrückt. Zur besseren Verankerung kann man den Trieb noch mit einem Drahthaken, den man in den Boden drückt, festlegen. Die unterirdischen Teile dieses Absenkers bilden in einigen Wochen Wurzeln und auch Triebe aus. Die beste Zeit dafür ist der Spätherbst oder das zeitige Frühjahr (März). Schon im gleichen Jahr kann der Hobby-Gärtner diesen Absenker, der dann von der Mutterpflanze abgeschnitten wird, ausgraben und an den endgültigen Standort im

Haselnuß

Garten einpflanzen. Damit sich die Pflanze schön verzweigt, schneidet man den Trieb bei ca. 20 cm ab. *Die Pflanzabstände* der Haselnußsträucher liegen bei 2 m. Haselnußsträucher passen sehr gut in jede Ziersträucherhecke und sollten dann aber mit stärkerwachsenden Ziersträuchern (Flieder, Sanddorn, Forsythien) zusammengepflanzt werden, damit die Nachbarsträucher nicht leiden. Auf eine *Düngung* kann man bei gutem Wachstum der Haselnußsträucher verzichten. Nur bei schwachem Wuchs ist eine Düngergabe im April mit einem Volldünger angebracht. *Schädlinge und Krankheiten* sind bei Haselnußsträuchern selten. Lediglich der Haselnußbohrer macht gelegentlich zu schaffen. Eine Bekämpfung mit Insektiziden, wie z. B. Gusathion oder Ultracid bei etwa Erbsengröße der Haselnußfrüchte, bringt relativ gute Erfolge. Zu den *bewährtesten Sorten* zählen Hallesche Riesen, Wunder von Bollweiler, Webbs Preis und Rotblättrige Zellernuß.

Kiwi (Yang-Tao)

Diese neue Gartenfrucht wird mehr und mehr auch in deutschen Gärten angebaut. Der Kiwi-Strauch *(Actinidia chinensis)* stammt aus China und ist eine Schlingpflanze, die ähnlich wie die Brombeere, allerdings stachellos, wächst. Nur die Frucht hat eine stachelähnliche Behaarung, deshalb wird sie auch Chinesische Stachelbeere genannt. Zunächst wurde die Pflanzenart in Neuseeland kultiviert und durch Kreuzungen mehrerer Kulturformen neue, großfrüchtigere Sorten geschaffen. In Neuseeland bekam die Pflanze auch den Namen, unter dem sie in Europa bekannt geworden ist; der Kiwi ist eine dort weitverbreitete Vogelart. Von Neuseeland wurde die Frucht in alle Welt exportiert und erfreut sich wegen ihres hervorragenden Geschmackes und ihres hohen Vitamingehaltes steigender Beliebtheit. Der Vitamin-C-Gehalt einer Frucht entspricht dem von ca. zwölf Zitronen. Die Frucht wird auch bei mitteleuropäischen Klimaverhältnissen eigroß und schmeckt erfrischend nach Stachelbeeren und Erdbeeren. Die Schale wird entweder abgepellt oder man kappt die Frucht wie ein Ei und löffelt sie dann aus. Das frischgrüne Fruchtfleisch hat nur kleine Kerne, die man mitessen kann. Kiwis kann man sehr lange in der Kühltruhe aufbewahren und dann zur Verwendung auf Eis, Torten oder zu Steaks in Stücke schneiden.
Die Standortansprüche der Kiwi-Pflanzen sind relativ hoch. Am besten gedeihen die Sträucher in Gebieten mit viel Wärme. Allerdings sind inzwischen auch Standorte im nördlichen Deutschland bekannt, an denen die Pflanzen gut wachsen. Höhenlagen in Gebirgsgegenden scheiden in den meisten Fällen wegen der Winter- und Spätfrostgefahr aus. Vor allem in den ersten zwei Jahren frieren die Jungtriebe bei kälteren Frostnächten zurück. Der Strauch bildet dann aber

Kiwi

aus dem Hauptstamm wieder neue Triebe aus. Die Kiwi-Pflanzen sind zweihäusig. das heißt, daß auf einer Pflanze nur weibliche oder nur männliche Blüten sitzen. Der Hobby-Gärtner muß also stets zu einem weiblichen Kiwi-Strauch einen männlichen Strauch dazusetzen, da sonst wegen mangelnder Befruchtung keine Früchte gebildet werden können. Wenn mehrere Kiwi-Sträucher gepflanzt werden, genügt ein männlicher Strauch zur Befruchtung von bis zu sieben weiblichen Sträuchern.
Die Pflanzzeit beschränkt sich auf die Monate März und April, damit man die Periode der harten Winterfröste (Februar) ausschließt. Kiwis werden meist in Containern geliefert, so daß man ohne weiteres auch angetriebene Pflanzen bis Mitte Mai setzen kann. Das Pflanzbeet wird gut mit feuchtem Torf angereichert. *Die Pflanzweite* beträgt je nach Bodengüte 3–4 m. Da der Kiwi-Strauch eine Schlingpflanze ist, sollte man, ähnlich wie bei Brombeeren, ein Drahtgerüst errichten, also drei Drähte in 0,7, 1,4 und 2 m Höhe spannen und die Triebe dann daran befestigen. Damit die Pflanze in kalten Wintern nicht zu stark zurückfriert, empfiehlt es sich, den Haupttrieb im November mit Stroh, Holzwolle und Wellpappe oder Plastikmaterial zu umwickeln. Dieser Schutz kann dann nach den Eisheiligen wieder abgenommen

werden. Ältere Kiwis sind nicht mehr so anfällig gegen Fröste. Bei *der Düngung* sollten nur organische Dünger in kleinen Mengen verwendet werden.

Schädlinge und Krankheiten sind bisher nicht bekannt. Das Braunwerden der Blätter oder Blattränder rührt von physiologischen Störungen im Boden her. Auch bei zu großer Hitze (an weißen Wänden auf der Südseite der Häuser) treten im Sommer oder bei Trockenheit die gleichen Symptome auf.

Die besten Sorten sind Hayward, Abbot und Bruno. Die Erträge setzen schon ab dem dritten Standjahr ein und sind bei richtigem Standort hoch und regelmäßig. Die Kiwi-Pflanzen sind auch in Deutschland in Spezialbaumschulen oder in Gartenversandhäusern (z. B. bei Garten-Quelle, 8510 Fürth) zu beziehen.

Rote Johannisbeere

Diese Beerenobstart sollte wegen ihrer vielseitigen Verwendungsmöglichkeit in keinem Garten fehlen. *Die Standortansprüche* sind gering. Auch auf leichteren Sandböden wächst der Strauch bei guter Pflege noch recht gut. *Die Pflanzzeit* ist, die Frost- und Schneetage ausgenommen, von November bis März. *Die Pflanzweite* beträgt 1,5 m. Rote und Schwarze Johannisbeeren lassen sich sehr leicht auch selbst vermehren. Hierzu schneidet man während der Vegetationsruhe (November-Februar) von den Trieben, die im letzten Jahr gewachsen sind, 18 cm lange *Steckhölzer*. Diese werden im März in einen lockeren, gut mit feuchtem Torf und etwas Sand angereicherten Boden gesteckt. Das Steckholz wird so weit in den Boden gesteckt, daß nur die obersten zwei Knospen aus der Erde herausragen. Die Erde um das Steckholz wird mit Daumen und Zeigefinger leicht angedrückt, damit die sich neubildenden Wurzeln gleich »Schluß« mit dem Boden bekommen. Die Schnittstellen am Steckholz sollten am unteren und am oberen Ende direkt an den Knospen liegen, da in dieser Zone die meisten Reservestoffe der Pflanze liegen und somit eine optimale Wurzel- bzw. Triebbildung stattfinden kann. Der Boden des Steckholz-Beetes muß ständig feucht gehalten werden, damit sich die Jungwurzeln gut entwickeln können. Bei zügiger Entwicklung des obersten Neutriebes kann man diesen nach dem vierten Blatt entspitzen, damit die Jungpflanze schon im ersten Jahr drei bis vier Triebe entwickelt und eine fertige Krone bildet. Schon im Spätherbst pflanzt man die Johannisbeerjungsträucher an den endgültigen Standort und schneidet die Triebe auf ca. 20 cm zurück. In gleicher Weise können auch Schwarze Johannisbeeren und die Neuzüchtung Josta vermehrt werden. *Die Düngung* der jungen Sträucher beschränkt sich auf die Gabe eines Volldüngers im

Rote Johannisbeere

April. Erst bei zunehmendem Alter der Sträucher, also ab dem dritten bis vierten Standjahr, kann durch eine zusätzliche Düngung mit einem Stickstoff-Dünger die Trieb- und Fruchtleistung der Sträucher erhalten werden. In trockenen Gebieten gibt man den Stickstoff in Form von Kalkstickstoff schon im November-Dezember, während man bei normalen Witterungsbedingungen im Frühjahr mit Kalkammonsalpeter düngt. Die Kali- und Phosphordüngung kann auch schon direkt nach der Ernte gegeben werden. Ein Abdecken der Baumscheibe mit organischer Masse, also Torf, Mist, Stroh oder Grasmulch bewährt sich bei allen Beerenobstarten sehr gut.

Die besten Sorten sind Red Lake, Rondom und Heros.

Schwarze Johannisbeere

Wegen ihres hohen Vitamin-C-Gehaltes ist diese Obstart in fast allen Gärten zuhause. Zur Saftgewinnung, für Marmeladen und Gelees ist sie hervorragend verwendbar. *Die Standortansprüche* sind gering, da die Sträucher sowohl auf schwerem, lehmigem Boden als auch auf leichtem, sandigem Boden zügig wachsen und gute Erträge bringen. In extremen Frostlagen sollte man allerdings von einem Anbau absehen, da dann die Blüte sehr oft durch Spätfröste vernichtet wird. Schwarze Johannisbeeren wurzeln, wie alle Beerenobststräucher, sehr flach. Jede Bodenbearbeitungsmaßnahme sollte sich deshalb auf wenige Zentimeter Bodentiefe beschränken, damit die feinen Faserwurzeln, die für die Ernährung des Strauches sorgen, nicht zerstört werden. Da für die meisten Hobby-Gärtner eine Unkrautbekämpfung mit Herbiziden (Unkrautvernichtungsmitteln) nicht in Frage kommt, ist es ratsam, den Boden nur ganz flach zu hacken, oder noch besser, die Oberschicht mit einer 5 cm dicken Schicht aus Stroh, Torf, Mist oder Rasenmulch abzudecken. Der beste Zeitpunkt für diese Abdeckmaßnahmen ist das zeitige Frühjahr. Dann ist der Boden von der Winterfeuchtigkeit gut mit Wasser versorgt und die Samenunkräuter noch nicht aufgegangen. Wurzelunkräuter, wie z. B. Winde oder Quecke hackt man vorher ab. Später keimende oder wachsende Unkräuter, die die Abdeckschicht überwinden, zieht man einfach heraus.

Pflanzzeit für Schwarze Johannisbeeren sind, die Frost- und Schneeperioden ausgenommen, die Monate Oktober bis März. Im Spätherbst gepflanzte Beerenobststräucher bilden auch im Winter bei Temperaturen um 0 Grad Celsius noch Wurzeln aus und gehen viel kräftiger in die kommende Vegetationsperiode als solche, die erst im Frühjahr gepflanzt werden. *Die Pflanzabstände* liegen bei 2 m. Auf guten Böden wächst der Strauch sehr stark und füllt bald den ihm zugewiesenen Standort aus.

Schwarze Johannisbeere

Die Düngung sollte regelmäßig, aber nach Wachstum des Strauches erfolgen. Bei jährlichem Neutrieb über 30 cm genügt eine Volldüngergabe im April. Läßt das Wachstum infolge Alters oder zu starken Behanges zu wünschen übrig, kann man mit Kalkstickstoff im Dezember, Januar oder mit Kalkammonsalpeter im April, Mai nachhelfen. Auch Stallmist hat sich zur Düngung gut bewährt.

Schädlinge und Krankheiten treten regelmäßig auf. Der gefährlichste Schädling ist die Johannisbeergallmilbe. Sie ist im Winter und im zeitigen Frühjahr an einer sogenannten Rundknospenbildung an den Trieben zu erkennen. Die befallenen Knospen sind deutlich dicker als die übrigen und beherbergen im Frühjahr Tausende von kleinen Milben. Der Strauch wird dadurch sehr geschwächt und bringt weniger Früchte. Eine Bekämpfung ist sehr schwierig. Durch Abschneiden der betroffenen Triebe läßt sich der Befall eindämmen. Blattläuse schädigen in warmen Sommern die Blätter und Triebe. Eine Bekämpfung mit Metasystox oder Unden bringt gute Erfolge. Der Johannisberglasflügler ist verantwortlich für die hohlen Triebe und kann durch Insektizide nur mit mäßigem Erfolg bekämpft werden. Die beste Vorbeugungsmaßnahme gegen diesen Schädling ist das Abschneiden der überzähligen Triebe beim Winterschnitt direkt über dem Boden. Die am meisten verbreitete Krankheit ist der Mehltau, der die Triebe und Blätter mit einem weißlichen Belag überzieht. Wirksame Bekämpfungsmittel sind Benomyl oder Cercobin.

Bewährte Sorten sind Silvergieters und Rosenthals Langtraubige.

Josta

Diese Kreuzung zwischen Schwarzer Johannisbeere und Stachelbeere stellt eine völlig neue Beerenobstart dar. Der Habitus des Strauches ähnelt dem der Schwarzen Johannisbeere. Die Blätter sind allerdings etwas anders geformt. Der Strauch wächst relativ stark und zeigt mit zunehmendem Alter einen hängenden Wuchs. Blüten und Früchte sitzen am ein- und mehrjährigen Holz. Die Früchte hängen, je nach Befruchtung, in Trauben mit drei bis fünf Beeren. Die Einzelbeeren sind wesentlich größer als die der Schwarzen Johannisbeere. Die Früchte sind zuerst rot und werden bei der Reife schwarz. Die Frucht ist saftig, aromatisch und besitzt ganz kleine Kerne. Die Reifezeit fällt etwa mit der der Schwarzen Johannisbeere zusammen. Die Beeren sind reich an Vitamin C und lassen sich ausgezeichnet für Marmeladen, Gelees und Säfte verwenden. Auch auf Torte oder Eis sind die Früchte ein Genuß. Josta-Beeren lassen sich auch sehr gut einfrieren. Der Strauch hat keine Stacheln und ist gegen Mehltau immun.

Standortansprüche und Pflanzzeit sind die gleichen wie bei der Schwarzen Johannisbeere. *Die Pflanzweite* sollte 2,50 m betragen, da der Strauch stark wächst. Bei ausreichendem Wuchs ist eine *Düngung* mit einem Volldünger im April ausreichend. Bei hohen Erträgen, die bei der Josta fast in jedem Jahr erreicht werden, sollte man zusätzlich noch eine Stickstoffgabe, entweder Kalkstickstoff im Dezember-Januar oder Kalkammonsalpeter im Frühjahr, hinzusetzen.

Schädlinge und Krankheiten treten nicht so häufig auf wie bei anderen Beerenobstarten. Bei Blattlausbefall bringt eine Spritzung mit Metasystox oder Unden gute Erfolge. Mehltau tritt, wie gesagt, nicht auf. Auch die Josta-Beeren kann man durch Steckholz vermehren. Allerdings steht diese Neuheit noch unter Züchterschutz, das bedeutet, daß Vermehrung und Handel nur der Firma erlaubt ist, die die Lizenz dieser Neuzüchtung besitzt.

Himbeere

Diese beliebte Gartenfrucht sollte immer noch einen Platz im Garten finden. Zur Marmeladen- und Geleebereitung oder zum Frosten sind die aromatischen Früchte bestens geeignet. *Die Standortansprüche* der Himbeere sind höher als die der übrigen Beerenobstarten. Sie liebt einen humusreichen, nicht zu schweren Boden, der nährstoff-

Jostabeere

reich und wasserhaltend ist. Die Pflanze liebt zwar Sonne, wächst aber auch im Halbschatten noch relativ gut. Die beste Pflanzzeit ist der Spätherbst, da dann die Pflanzen noch neue Wurzeln entwickeln können. Selbstverständlich kann man die Sträucher bei guter Pflege auch an frost- und schneefreien Tagen bis Mitte März pflanzen. Nach der Pflanzung werden die Sträucher gut gewässert und der feuchte Boden mit einer dicken Schicht aus Stroh oder Kompost überdeckt. Da die Wurzeln sich nur wenige Zentimeter unter der Erdoberfläche entwickeln, ist eine flache Bodenbearbeitung unbedingt erforderlich. Zusätzliche Wassergaben während der Vegetationsperiode, besonders zwei Wochen vor der Reife der ersten Früchte, sind unerläßlich, wenn man noch nach sechs bis acht Jahren eine ausreichende Neutriebbildung erreichen möchte. *Die Pflanzweite* beträgt 0,5 m. Die Pflanze bildet schon im zweiten oder dritten Jahr unterirdische Ausläufer, die neue Pflanzen entstehen lassen und oft zu dichten Beständen führen. Diese Ausläufer kann der Hobby-Gärtner zur Zeit der Vegetationsruhe ausstechen und verpflanzen. Die oberirdischen Triebe dieser Ausläufer werden auf eine Länge von 15–20 cm zurückgeschnitten. Die Wurzeln kürzt man nur leicht ein. Die Pflanzgrube sollte man stark mit feuchtem Torf anreichern, damit sich die jungen Wurzeln schnell entwickeln können.

Die Düngung ist bei Himbeeren sehr wichtig. In den ersten beiden Standjahren genügt eine Düngergabe mit Nitrophoska blau im April. Im Vollertragsalter der Sträucher sollte man zusätzlich eine Stickstoffgabe verabreichen, entweder in Form von Kalkstickstoff im Januar, oder mit Kalkammonsalpeter im April. Stallmistgaben haben sich ebenfalls sehr gut bewährt, da sie den Boden mit organischer Masse anreichern, die den für alle Beerenobstarten wichtigen Humusspiegel erhöhen. *Schädlinge und Krankheiten* treten in fast jeder Himbeeranlage auf. Einer der Hauptschädlinge ist der Himbeerkäfer, dessen Larven die Himbeerfrüchte »vermaden«. Dieser Schädling läßt sich nur vorbeugend während der Blüte mit einem bienenunschädlichen Insektizid, z. B. Thiodan oder Rubitox, erfolgreich bekämpfen. Gegen Blattläuse spritzt man nach der Blüte mit Unden. Die gefährlichste Krankheit der Himbeere ist die Rutenkrankheit. Man erkennt sie an länglichen violetten Flecken auf den Ruten. Die befallenen Triebe sterben noch im gleichen Jahr ab. Kupferspritzungen, wenn die Jungtriebe 10 cm hoch sind oder nach der Ernte, bringen nicht immer den gewünschten Erfolg. Gegen Mehltau bei Himbeeren hat sich Ronilan sehr gut bewährt. *Die besten Sorten* sind Schönemann, Malling Promise, Zeva 1,2 und Zeva Herbsternte. Letztere Sorte ist eine sogenannte immertragende Himbeere.

Himbeere

Stachelbeere

Zum Frischverzehr und als Einmachfrucht ist diese Beerenobstart sehr gut geeignet. Stachelbeeren werden oft als Stämmchen kultiviert, um unter der Krone noch Gemüse oder Kräuter anbauen zu können. Leider brechen diese Fuß-, Halb- oder Hochstämmchen bei starken Stürmen oft an der Veredlungsstelle ab. *Die Standortansprüche* der Stachelbeere verlangen einen sonnigen Platz auf nicht zu schweren Böden. Bei Gefahr von Staunässe sollte man auf diese Beerenobstart verzichten.

Die Pflanzzeit erstreckt sich von Ende Oktober bis Anfang März. Wieder sind Frost- und Schneetage ausgenommen. *Der Pflanzabstand* liegt bei 1,5 m für Büsche oder Stämmchen.

Die Düngung erfolgt im April mit einem Volldünger (Nitrophoska blau). Nur bei zu schwachem Wuchs sollte man zusätzlich im Frühjahr mit Kalkammonsalpeter nachdüngen.

Der Hauptschädling bei den Stachelbeeren ist die Blattlaus. Wenn man den ersten Befall, der vor allem an den oberen jüngeren Blättern zu finden ist, gleich stoppt, kann man sich viel Ärger ersparen. Die bewährtesten Mittel sind Metasystox oder bei einer Wartezeit von nur vier Tagen Unden. Viel gefährlicher als alle Schädlinge ist der Stachelbeermehltau, der stark verbreitet ist. Dieser Pilz kann nur durch mehrmalige Spritzungen mit Ronilan erfolgreich bekämpft werden. Der Mehltaupilz überwintert an den Endknospen der Triebe. Diese befallenen Triebspitzen sind dunkelbraun bis schwarz gefärbt und im Winter an den kahlen Trieben gut zu erkennen. Diese Mehltauspitzen werden beim Winterschnitt entfernt und verbrannt. Läßt man die befallenen Triebe an der Pflanze oder die abgeschnittenen Spitzen auf dem Boden liegen, entwickeln sich noch nach Monaten immer wieder neue Sporenlager, die zu einer Neuinfektion im Frühjahr führen. Stachelbeerknospen sind in jedem Frühjahr eine beliebte Vor- oder Nachspeise für Dompfaffen, Grünfinken und Spatzen. Dieser Knospenfraß nimmt in Waldnähe der Gärten so überhand, daß auch bei anderen Beerenobstarten kaum eine Blütenknospe am Strauch bleibt. Der beste Schutz gegen diese Mitesser sind Vogelschutznetze aus Kunststoff. Diese Netze sind viele Jahre verwendbar und können auch im Sommer zum Schutz der Früchte eingesetzt werden. *Die bewährtesten Sorten* sind Grüne Kugel, Rote Triumph und Hönnings Gelbe.

Stachelbeere

Brombeere

Die Früchte dieser Obstart sind sehr vitaminreich und eignen sich hervorragend zur Saftgewinnung oder zum Eingefrieren. Seit Jahren erobern die dornenlosen Sorten den Markt. Die Feinschmecker unter den Obstgartenfreunden aber wissen bereits, daß die dornenlosen Brombeeren nicht so aromatisch sind wie die bedornten Sorten. Natürlich ist die Dornenlosigkeit ein großer Vorteil bei der Ernte und auch beim Schnitt. Wird aber eine dornenlose Brombeere beim hacken z. B. in der Wurzelzone beschädigt, bildet sich aus dem beschädigten Wurzelstück wieder ein bedornter Trieb. Die gezüchtete Dornenlosigkeit ist zwar erblich, beschränkt sich aber offenbar auf ganz bestimmte Teile der Pflanze.

Die Standortansprüche der Brombeere sind relativ gering. Sie gedeiht auf leichteren Sandböden genauso gut wie auf schweren Lehmböden. Die Pflanze ist frostempfindlich. Extreme Frostlagen sind deshalb zu meiden, da nicht nur die Blüte erfriert, sondern auch ein Großteil der Triebe. Aus diesem Grund sollte man auch die *Pflanzzeit* in den meisten Gebieten der Bundesrepublik auf den Monat März beschränken, weil die jüngeren Sträucher noch frostempfindlicher sind als ältere Pflanzen. *Die Pflanzabstände* liegen bei den stärker wachsenden bedornten Sorten bei 4 m; dornenlose Brombeersorten pflanzt man im Abstand von 3 m.

Die Düngung wird nach Wuchskraft der Sträucher ausgebracht. Jüngere Sträucher benötigen in den ersten Jahren nur eine relativ kleine Volldüngergabe im April. Erst bei Vollerträgen kann man bei nachlassendem Wuchs eine mäßige Stickstoffgabe in Form von Kalkammonsalpeter im Frühjahr hinzusetzen. Das Abdecken der Wurzelzone mit Stroh, Mist, Kompost oder Grasmulch ist für ein ungestörtes Wachstum der Brombeersträucher sehr wichtig. Brombeerjungpflanzen lassen sich durch Abstechen der Ausläufer oder durch Absenker (wie bei Haselnüssen beschrieben) sehr schnell gewinnen. Die Jungpflanzen schneidet man nach der Pflanzung auf 20 cm zurück, damit sie gleich im Pflanzjahr kräftige Triebe entwickeln.

Ein gefährlicher Schädling, den viele übersehen, ist die Brombeermilbe. Sie ist so klein, daß man sie nur mit der Lupe entdecken kann. Durch ihre Saugtätigkeit verhindert sie, daß die Brombeeren ausreifen können. Die Früchte bleiben kleiner und rot. Gegen diesen Schädling kann man nur durch mehrmaliges Spritzen mit dem bienenungefährlichen Mittel Rubitox etwas ausrichten. Die erste Spritzung sollte schon in die Blütezeit fallen. Auch an Brombeeren tritt eine Rutenkrankheit auf, die ebenfalls an violetten Flecken an den Trieben zu erkennen ist. Die Bekämpfung ist schwierig. Befallene Triebe sind

Brombeere

sofort zu entfernen. Die beste bedornte *Brombeersorte* heißt Theodor Reimers. Die bewährtesten dornenlosen Brombeeren sind Thornfree und Thornless evergreen. Thornfree ist aromatischer und deshalb mehr zu empfehlen.

Erdbeere

Auch im kleinsten Nutzgarten ist Platz für ein Erdbeerbeet. Die aromatischen Früchte sind hervorragend geeignet zum Frischverzehr, zur Herstellung von Marmeladen, Gelees und Erdbeersaft. Einige Sorten, z. B. Senga Sengana und Senga Tigaiga, halten sich sehr lange in der Kühltruhe und können dann als Belag für Obsttorten oder zum Ansetzen einer Bowle verwendet werden.

Die Standortansprüche sind relativ gering; allerdings bevorzugt diese Obstart humose, gut durchlüftete, leichtere Böden. Die Blüte ist frostempfindlich, kalte Lagen scheiden also für den Anbau aus. Zum Anwachsen benötigen die Jungpflanzen viel Wasser. Regelmäßige Wassergaben sind auch zwischen Mai und Juni äußerst wichtig, damit die Früchte gut ernährt werden und die Pflanze auch noch Ausläufer bilden kann. Die beste Zeit, um Erdbeerpflanzen selbst zu

vermehren, liegt zwischen Ende Juli und Mitte August. Alle Pflanzen, die in dieser *Pflanzzeit* gesetzt werden, entwickeln noch im gleichen Jahr eine große Wurzelmasse und viele Blätter. Zur Pflanzung sollte man viel feuchten Torf verwenden, den man mit der Pflanzerde mischt. Auch gut verrotteter Kompost oder Mist kann in die Pflanzerde eingearbeitet werden. Die Pflanzabstände betragen in der Reihe 25–30 cm. Der Abstand von Reihe zu Reihe beträgt mindestens 40 cm. Am besten gedeihen Erdbeeren natürlich bei vollem Sonnenlicht. Erdbeerbeete im Halbschatten bringen nicht die Erträge und auch nicht das volle Aroma. Wenn man Stroh oder andere organische Masse zur Verfügung hat, ist es ratsam, das Beet nach einer gründlichen Wässerung gleich mit einer dicken Schicht abzudecken. Etwa vier Wochen nach der Pflanzung wird die erste *Düngergabe* verabreicht. Vierzig Gramm eines Volldüngers je Quadratmeter sind absolut ausreichend. Die zweite Gabe sollte spätestens im April, ebenfalls mit Volldünger, erfolgen. Bei späterer Düngung entwickeln die Erdbeerpflanzen zu viel Blattmasse, was sich nachteilig auf die Blütenbildung für das nächste Jahr auswirkt. Aus diesem Grund sollte man auch von reinem Stickstoffdünger absehen. Nach der Ernte kann noch eine geringe Düngergabe verabreicht werden. Wer seine Pflanzen selbst vermehren will, kann feuchten Torf in die Pflanzgasse streuen und leicht einarbeiten. In feuchten Jahren ist das Unterlegen der Früchte mit Stroh oder Holzwolle sehr wichtig, damit die Erdbeeren nicht so schnell faulen.

Schädlinge und Krankheiten treten bei Erdbeerpflanzen vor allem in den Sommermonaten auf. Die wichtigsten tierischen Schädlinge sind Erdbeermilben, Erdbeerstengelstecher und Blattläuse. Gegen Blattläuse setzt man Unden (Wartezeit vier Tage) ein. Gegen Stengelstecher verwendet man Gusathion MS (Wartezeit drei Wochen). Die gefährlichste Krankheit ist der Grauschimmel (Botrytis). Dieser Pilz befällt die Pflanze schon während der Blütezeit. Deshalb muß der Hobby-Gärtner schon während der Blüte zwei- bis dreimal mit Euparen oder Cercobin spritzen. Gegen den vermehrt auftretenden Erdbeermehltau können mehrere Spritzungen mit Ronilan eingesetzt werden.

In jedem Jahr werden große Mengen neuer Erdbeerzüchtungen in Katalogen oder von den Baumschulen angeboten, so daß selbst Fachleute manchmal den Überblick verlieren. Nicht immer sind die größten und schönsten Früchte besser als ältere *bewährte Sorten* wie Senga Sengana, Senga Tigaiga oder die hervorragend schmeckende »immertragende« Sorte Hummi-Gento. Auch kletternde Erdbeerpflanzen sind seit Jahren auf dem Markt. Wichtig ist, daß man die Erdbeerbeete nach zwei bis drei Jahren wechselt, da danach die Fruchtgröße und die Ertragshöhe stark nachlassen.

Die aromatischen Erdbeeren werden besonders gerne frisch verzehrt.

Terminplan für den Obstgarten

Januar

An schnee- und frostfreien Tagen können auch im Januar Bäume und Beerenobststräucher gepflanzt werden. Die frostempfindlichen Arten wie Pfirsich, Nektarine, Kiwi, Walnuß und Brombeere sollten erst Anfang März zur Pflanzung kommen, um Ausfälle zu vermeiden. Der Schnitt der Obstbäume und Beerenobststräucher verlangt in größeren Gärten viel Zeit und wird bei Temperaturen bis zu –5 Grad Celsius ausgeführt. In Obstanlagen und Gärten ohne Einzäunung muß in kurzen Abständen auf Wildverbiß geachtet werden, da Hasen, Kaninchen und auch Rehe in einer einzigen Nacht große Schäden an jüngeren Bäumen anrichten. Stammschützer bis in eine Höhe von mindestens 80 cm aus Draht oder Plastik bieten den besten Schutz. Schutzanstriche halten bei hohen Niederschlägen nur sechs bis acht Wochen. Edelreiser zur Frühjahrveredlung schneidet man in diesem Monat und bewahrt sie kühl und feucht auf. Auch Steckholz zur Selbstvermehrung von Johannisbeersträuchern sollte schon im Januar geschnitten werden.

Februar

Der Obstbaumschnitt sollte in diesem Monat zügig vorangehen, da einige Obstarten schon relativ früh austreiben. Vor allem Stachelbeeren und Johannisbeeren müssen bis Mitte des Monats geschnitten sein. Mit dem Schnitt von Pfirsichen, Nektarinen und Brombeeren wartet man bis Anfang März, da bei scharfen Frösten die geschnittenen Triebe dieser Obstarten zurückfrieren. Jetzt ist es Zeit für die Winterspritzung, die vor allem bei älteren Bäumen durchgeführt wird. Bei starkem Wind oder Temperaturen unter –3 Grad Celsius sollte man die Spritzung verschieben. Gesicht und Haut werden durch Masken und Handschuhe geschützt. Bewährte Mittel sind Gebutox und Hivertox. Gegen Moose und Flechten sind Mittel auf Gelbkarbolineum-Basis zu verwenden. Die Winterspritzung sollte bei beginnendem Knospenschwellen der Bäume und Beerensträucher beendet sein. Der Februar ist die beste Zeit für folgende Veredlungsarten: Kopulation, Geißfuß und Spaltpfropfen.

März

Zu Anfang des Monats sollte man die Bestände auf Wühlmausschäden kontrollieren und bei Wurzeltotalfraß die Bäume neu pflanzen. Bis Mitte des Monats werden Pfirsiche, Nektarinen, Kiwis und Brombeeren geschnitten. Für die gleichen Obstarten ist jetzt auch die beste Pflanzzeit. Auch andere Obstbäume und Beerenobststräucher sollten umgehend gepflanzt werden. Die Baumscheiben deckt man nach einer gründlichen Wässerung mit Torf, Stroh oder Kompost ab. Bei Pfirsichen und Nektarinen muß jetzt schon eine Bekämpfung beim Knospenschwellen gegen Kräuselkrankheit stattfinden. Erprobte Mittel sind Orthocid, Delan oder Grünkupfer. Bei verzögertem Austrieb oder bei trockenem Wetter wird die Spritzung nach zehn bis vierzehn Tagen wiederholt. Steckholz zur Selbstvermehrung von Johannisbeeren steckt man jetzt in einen gut mit Torf angereicherten Boden. Gegen Knospenfraß von Vögeln schützen am besten Kunststoffnetze. Kalkanstriche oder die »Theobaldsche Lösung« (Wasserglas und Kalk) bringen begrenzte Erfolge.

April

Wer keine Winterspritzung ausgebracht hat, hat jetzt die Möglichkeit, alle überwinternden Schädlinge noch vor der Blüte zu bekämpfen. Wenn Obstbäume und Beerenobststräucher kleine Blättchen bilden, sollte die sogenannte Austriebsspritzung beendet sein. Bewährte Mittel sind Folidol-Öl und Eftol-Öl. Mit den gleichen Mitteln kann man zur gleichen Zeit alle Nadelgehölze gegen Woll-, Gallen- und Fichtenröhrenlaus behandeln. Die genannten Sprühmittel sind bienengefährlich! Der Grauschimmel (Botrytis) an Erdbeeren, der das Faulen der Erdbeerfrüchte veranlaßt, muß durch zwei bis drei Spritzungen in die Erdbeerblüte mit Euparen oder Ronilan bekämpft werden. Spätere Spritzungen sind zwecklos. Ab Mitte April kann man an Obstbäumen mit dem »Umveredeln« beginnen. Das Rindenpropfen bringt auch bei Anfängern gute Erfolge, wenn die Edelreiser frisch aufbewahrt wurden. Volldünger, z. B. Nitrophoska blau, sollte im Laufe des Monats ausgebracht werden.

Mai

Auch im Mai kann das Rindenpfropfen in den ersten Wochen fortgesetzt werden. Alle Veredlungsschnitte, auch den »Kopf« des Edelreises, verstreicht man am besten mit einem Flüssigwachs, das schnell antrocknet. Spätestens in diesem Monat muß die Bekämpfung gegen Krankheiten an Obstbäumen und Beerenobststräuchern einsetzen. Schorf an Birn- und Apfelbäumen bekämpft man mit Fungiziden wie z. B. Pomuran und Orthocid. Mehltau wird nach der Blüte mit Bayle-

Hundebuch
n W. Busack, überarbeitet
ed. vet. A. Hacker, 104 S.,
Abb. auf Kunstdrucktafeln,
3,80

recht
Mieter und Vermieter

ür Mieter und Vermieter
Johannes Beuthner
., DM 12,80

und Unterhalt
neuen Eherecht
Rechtsanwalt H. T. Drewes,
Karten und Unterhaltstab.,
,80

riefsteller
l. Wolter-Rosendorf,
., DM 5,80

Jubiläum
achen für viele
ünter Georg, 112 S.,
0

Knobeleien und Denksport
(2019) Von Klas Rechenberger, 142 S.,
viele Zeichnungen, kart., DM 7,80

Kinder und Jugendschach
Offizielles Lehrbuch zur Erringung
der Bauern-, Turm- und Königs-
diplome des Deutschen Schach-
bundes.
(0561) Von B. J. Withuis und
Dr. H. Pfleger,
144 S., 11 s/w-Fotos, 223 Abb.,
kart., DM 12,80

Spiele für Kleinkinder
(2011) Von Dieter Kellermann,
80 S., kart. DM 5,80

Hydrokultur Pflanzen ohne Erde –
mühelos gepflegt
(4080) Von Hans-August Rotter,
120 S., 67 farbige und s/w-Abb. sowie
Zeichnungen, geb., DM 19,80

Tennis
Technik – Taktik – Regeln
(0375) Von Harald Elschenbroich,
112 S., 81 Abb., kart., DM 6,80

Beliebte und neue Kegelspiele
(0271) Von Georg Bocsai,
92 S., 62 Abb., kart., DM 4,80

**So lernt man leicht und
schnell Maschinenschreiben**
Lehrbuch für Selbstunterricht und
Kurse
(0568) Von Jean W. Wagner, 80 S.,
31 s/w-Fotos, 26 Zeichnungen,
kart., Spiralbindung, DM 19,80

Poesiealbumverse
Heiteres und Besinnliches
(0578) Von Anne Göttling, 112 S.,
20 Abb., Pappband, DM 14,80

Wie soll es heißen?
(0211) Von Dr. Köhr,
88 S., kart. DM 5,80

Hochzeitszeitungen
Muster, Tips und Anregungen
(0288) Von Hans-Jürgen-Winkler,
mit vielen Text- und Gestaltungs-
anregungen, 116 S., 15 Abb.,
1 Musterzeitung, kart., DM 6,80

**Von der Verlobung
zur Goldenen Hochzeit**
Vorbereitung – Festgestaltung –
Glückwünsche
(0393) Von Elisabeth Ruge, 120 S.,
kart., DM 6,80

Bruce Lees Kampfstil 2
Selbstverteidigungs-Techniken
(0486) Von Bruce Lee, M. Uyehara,
128 S., 310 Fotos, kart., DM 9,80

Schmetterlinge
Tagfalter Mitteleuropas erkennen
und benennen
(0510) Von Thomas Ruckstuhl, 156 S.,
136 Farbfotos, kart., DM 16,80

Falken-Handbuch Pilze
Mit über 250 Farbfotos und Rezepten
(4061) Von Martin Knoop, 276 S.,
250 Farbfotos, 28 Zeichnungen,
gbd., DM 36,–

---

ton oder Kumulan behandelt. Schorfgefahr herrscht vor allem bei feuchter Witterung, während der Mehltau zur Entwicklung seiner Sporen warmes Wetter benötigt. Blattläuse bekämpft man nach der Blüte mit Insektiziden wie z. B. Metosystox oder Unden. Letzteres Mittel hat nur eine Wartezeit von vier Tagen. Während der Blüte dürfen keine bienenschädlichen Mittel eingesetzt werden.

Juni

Erst nach dem sogenannten »Junifall« zeigt jeder Baum, was er in diesem Jahr wirklich an Früchten bringt. Bei einer großen Anzahl von Früchten sollte man die Früchtezahl vermindern. Besonders bei Äpfeln, Birnen und Pfirsichen hat sich das Ausdünnen sehr gut bewährt, da der Baum dann die nötigen Reservestoffe zur Blütendifferenzierung für das nächste Jahr hat. Erdbeerbeete werden jetzt mit Stroh oder Holzwolle unterlegt, damit das Faulen der Früchte eingeschränkt wird. An Schädlingen treten neben Blattläusen vor allem die Obstmade bei Äpfeln und Birnen auf, die mit Insektiziden wie Gusathion oder Perfektion bekämpft wird. Wer seine Kirschen madenfrei essen will, sollte Mitte bis Ende des Monats gegen die Kirschfruchtfliege mit Lebaycid spritzen. Neue Triebe, die zu steil stehen, kann man gegen Ende des Monats durch Waagerechtbinden zur Bildung von Blütenknospen veranlassen. Durch diese Bindearbeit lassen sich Jungbäume früher in den Ertrag bringen.

Juli

Obstgartenfreunde, die ihre Erdbeerbeete erneuern oder erweitern wollen, sollten ab Monatsmitte an das Pflanzen denken. Bei der Wahl der Sorten muß man berücksichtigen, daß Größe und Farbe der Früchte immer auf Kosten des Aromas gehen.
Bäume, die zu stark wachsen oder zu dicht geworden sind, kann man durch den Sommerschnitt im Wachstum korrigieren. Dadurch erhalten die verbleibenden Blätter und Früchte mehr Licht. Bei der Ernte von Frühobstarten sollte man bedenken, daß nur gut ausgereifte Früchte ein Optimum an Vitaminen, Aroma- und Aufbaustoffen gebildet haben.

August

Anfang bis Mitte des Monats ist die beste Zeit zur Ausführung der Sommerveredlung, der Okulation. Die Edelreiser schneidet man am Tage der Veredlung und entblättert sie sofort. Der Bast, mit dem man die Veredlungsschnitte verbindet, sollte nach sechs Wochen wieder gelöst werden, damit er nicht einschneidet. Die Pflanzung von Erdbeerneuanlagen wird mit Ende des Monats abgeschlossen. Eine gründliche Wässerung der Beete dient der schnellen Bewurzelung der Pflanzen und damit einer optimalen Blütenknospenbildung für das nächste Jahr. Sauerkirschen und Beerenobststräucher kann man gleich nach der Ernte schneiden. Dadurch erhalten die verblei-

benden Triebe und Blätter mehr Nährstoffe und gehen ausgereift in den Winter.

September

Bei Spätobst, das im Oktober geerntet wird, kann der Obstgartenbesitzer zur besseren Lagerfähigkeit der Äpfel noch eine Abschlußspritzung mit Benomyl durchführen. Bei starktragenden Bäumen läßt sich Astbruch durch das Anbringen von Baumstützen vermeiden. Nur gesunde, unbeschädigte Früchte kann man länger lagern. Jetzt ist die beste Zeit für den Schnitt von Süßkirschen, da durch den verminderten Saftdruck kaum Harzfluß auftritt und die Wunden besser verheilen.

Oktober

Gegen Monatsende können mit Ausnahme der frostempfindlichen Obstarten (Pfirsich, Nektarine, Walnuß und Brombeere) alle Obstbäume und Beerenobststräucher gepflanzt werden. Dieser Termin ist auch der beste Zeitpunkt für die Wühlmausbekämpfung. Die Tiere haben jetzt ihre Winterquartiere bezogen und entfalten eine emsige Tätigkeit. Die sicherste Methode für den Kleingärtner ist das Stellen von Fallen. Räucherpatronen sind nur begrenzt wirksam. Die vielgepriesenen Hausmittel wie eingegrabene Flaschen usw. zeigen keine Wirkung. Spätobst, das man länger lagern will, sollte etwas früher geerntet werden, damit die Reife nicht zu weit fortgeschritten ist.

November

Bis auf die frostempfindlichen Obstarten (siehe Oktober) kann man alle Obstbäume und Beerensträucher weiterhin pflanzen oder schneiden. Die Wühlmausbekämpfung kann bis Monatsmitte fortgesetzt werden. Gegen Wildverbiß sollte man in gefährdeten Gärten oder Obstanlagen schon jetzt Baumhosen bis 80 cm aus Draht oder Plastik anlegen. Die Lagervorräte an Spätobst sind zu kontrollieren und angefaulte Früchte sofort zu entfernen.

Dezember

Baumschnitt und Pflanzung der Obstbäume und Beerenobststräucher können bei frost- und schneefreier Witterung fortgesetzt werden. Die Winterdüngung in Form von Thomasmehl und Kali kann man jetzt schon streuen, da beide Hauptnährstoffe Monate benötigen, bis sie durch Niederschläge an die Pflanzenwurzeln transportiert werden. Das gleiche gilt für den schwerlöslichen Stickstoffdünger Kalkstickstoff, der ebenfalls schon ab Mitte Dezember bei zu schwachwüchsigen Obstbäumen und Beerenobststräuchern ausgebracht werden kann. Das Umgraben der Baumscheiben sollte möglichst flach erfolgen, da sonst zu viele Faserwurzeln zerstört werden. Eine 5 cm dicke Schicht Laub, Komposterde oder Torf wirken sich günstiger auf die Bodengare aus.

Register

Für jeden etwas...

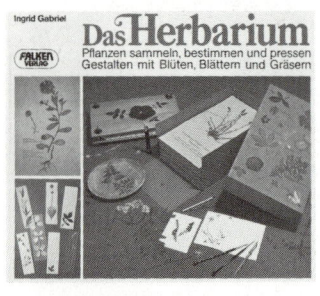

ton oder Kumulan behandelt. Schorfgefahr herrscht vor allem bei feuchter Witterung, während der Mehltau zur Entwicklung seiner Sporen warmes Wetter benötigt. Blattläuse bekämpft man nach der Blüte mit Insektiziden wie z. B. Metosystox oder Unden. Letzteres Mittel hat nur eine Wartezeit von vier Tagen. Während der Blüte dürfen keine bienenschädlichen Mittel eingesetzt werden.

Juni
Erst nach dem sogenannten »Junifall« zeigt jeder Baum, was er in diesem Jahr wirklich an Früchten bringt. Bei einer großen Anzahl von Früchten sollte man die Früchtezahl vermindern. Besonders bei Äpfeln, Birnen und Pfirsichen hat sich das Ausdünnen sehr gut bewährt, da der Baum dann die nötigen Reservestoffe zur Blütendifferenzierung für das nächste Jahr hat. Erdbeerbeete werden jetzt mit Stroh oder Holzwolle unterlegt, damit das Faulen der Früchte eingeschränkt wird. An Schädlingen treten neben Blattläusen vor allem die Obstmade bei Äpfeln und Birnen auf, die mit Insektiziden wie Gusathion oder Perfektion bekämpft wird. Wer seine Kirschen madenfrei essen will, sollte Mitte bis Ende des Monats gegen die Kirschfruchtfliege mit Lebaycid spritzen. Neue Triebe, die zu steil stehen, kann man gegen Ende des Monats durch Waagerechtbinden zur Bildung von Blütenknospen veranlassen. Durch diese Bindearbeit lassen sich Jungbäume früher in den Ertrag bringen.

Juli
Obstgartenfreunde, die ihre Erdbeerbeete erneuern oder erweitern wollen, sollten ab Monatsmitte an das Pflanzen denken. Bei der Wahl der Sorten muß man berücksichtigen, daß Größe und Farbe der Früchte immer auf Kosten des Aromas gehen.
Bäume, die zu stark wachsen oder zu dicht geworden sind, kann man durch den Sommerschnitt im Wachstum korrigieren. Dadurch erhalten die verbleibenden Blätter und Früchte mehr Licht. Bei der Ernte von Frühobstarten sollte man bedenken, daß nur gut ausgereifte Früchte ein Optimum an Vitaminen, Aroma- und Aufbaustoffen gebildet haben.

August
Anfang bis Mitte des Monats ist die beste Zeit zur Ausführung der Sommerveredlung, der Okulation. Die Edelreiser schneidet man am Tage der Veredlung und entblättert sie sofort. Der Bast, mit dem man die Veredlungsschnitte verbindet, sollte nach sechs Wochen wieder gelöst werden, damit er nicht einschneidet. Die Pflanzung von Erdbeerneuanlagen wird mit Ende des Monats abgeschlossen. Eine gründliche Wässerung der Beete dient der schnellen Bewurzelung der Pflanzen und damit einer optimalen Blütenknospenbildung für das nächste Jahr. Sauerkirschen und Beerenobststräucher kann man gleich nach der Ernte schneiden. Dadurch erhalten die verblei-

benden Triebe und Blätter mehr Nährstoffe und gehen ausgereift in den Winter.

September
Bei Spätobst, das im Oktober geerntet wird, kann der Obstgartenbesitzer zur besseren Lagerfähigkeit der Äpfel noch eine Abschlußspritzung mit Benomyl durchführen. Bei starktragenden Bäumen läßt sich Astbruch durch das Anbringen von Baumstützen vermeiden. Nur gesunde, unbeschädigte Früchte kann man länger lagern. Jetzt ist die beste Zeit für den Schnitt von Süßkirschen, da durch den verminderten Saftdruck kaum Harzfluß auftritt und die Wunden besser verheilen.

Oktober
Gegen Monatsende können mit Ausnahme der frostempfindlichen Obstarten (Pfirsich, Nektarine, Walnuß und Brombeere) alle Obstbäume und Beerenobststräucher gepflanzt werden. Dieser Termin ist auch der beste Zeitpunkt für die Wühlmausbekämpfung. Die Tiere haben jetzt ihre Winterquartiere bezogen und entfalten eine emsige Tätigkeit. Die sicherste Methode für den Kleingärtner ist das Stellen von Fallen. Räucherpatronen sind nur begrenzt wirksam. Die vielgepriesenen Hausmittel wie eingegrabene Flaschen usw. zeigen keine Wirkung. Spätobst, das man länger lagern will, sollte etwas früher geerntet werden, damit die Reife nicht zu weit fortgeschritten ist.

November
Bis auf die frostempfindlichen Obstarten (siehe Oktober) kann man alle Obstbäume und Beerensträucher weiterhin pflanzen oder schneiden. Die Wühlmausbekämpfung kann bis Monatsmitte fortgesetzt werden. Gegen Wildverbiß sollte man in gefährdeten Gärten oder Obstanlagen schon jetzt Baumhosen bis 80 cm aus Draht oder Plastik anlegen. Die Lagervorräte an Spätobst sind zu kontrollieren und angefaulte Früchte sofort zu entfernen.

Dezember
Baumschnitt und Pflanzung der Obstbäume und Beerenobststräucher können bei frost- und schneefreier Witterung fortgesetzt werden. Die Winterdüngung in Form von Thomasmehl und Kali kann man jetzt schon streuen, da beide Hauptnährstoffe Monate benötigen, bis sie durch Niederschläge an die Pflanzenwurzeln transportiert werden. Das gleiche gilt für den schwerlöslichen Stickstoffdünger Kalkstickstoff, der ebenfalls schon ab Mitte Dezember bei zu schwachwüchsigen Obstbäumen und Beerenobststräuchern ausgebracht werden kann. Das Umgraben der Baumscheiben sollte möglichst flach erfolgen, da sonst zu viele Faserwurzeln zerstört werden. Eine 5 cm dicke Schicht Laub, Komposterde oder Torf wirken sich günstiger auf die Bodengare aus.

Register

Für jeden etwas...

Praktische Gebrauchsbücher stehen Ihnen, lieber Leser, mit Rat und Information zur Seite, wenn es darum geht, Fragen des täglichen Lebens zu beantworten.
Die hervorragende Sachkenntnis und die verständliche Sprache unserer Fachautoren sind ebenso selbstverständlich wie die sorgfältige Ausstattung unseres großen Buchprogramms.
Damit bietet Ihnen der Falken-Verlag Bücher zum Lesen und Nachschlagen, mit denen Sie Ihr Leben aktiv und erfolgreich gestalten können.

Trockenblumen und Gewürzsträuße
(Best.-Nr. 5084) DM 12,80

Kleingebäck
(Best.-Nr. 5089) DM 11,80

Phantasieblumen
(Best.-Nr. 5091) DM 12,80

Brotspezialitäten
(Best.-Nr. 5088) DM 11,80

Köstliche Suppen
(Best.-Nr. 5122) DM 11,80

Glasritzen
(Best.-Nr. 5109) DM 14,80

Exotisches Obst und Gemüse
(Best.-Nr. 5114) DM 12,80

Das Herbarium
(Best.-Nr. 5113) DM 16,80

Kalte Happen und Partysnacks
(Best.-Nr. 5029) DM 11,80

Zimmerbäume, Palmen und andere Blattpflanzen
(Best.-Nr. 5111) DM 16,80

Hobby Holzschnitzen
(Best.-Nr. 5101) DM 14,80

Kinder lernen spielend kochen
(Best.-Nr. 5096) DM 11,80

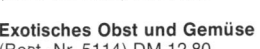

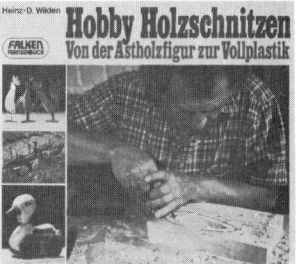

Falls durch besondere Umstände Preisänderungen notwendig werden, erfolgt Auftragserteilung zu dem bei der Lieferung gültigen Preis.

Das neue Hundebuch
(0009) Von W. Busack, überarbeitet
von Dr. med. vet. A. Hacker, 104 S.,
zahlreiche Abb. auf Kunstdrucktafeln,
kart., DM 8,80

Mietrecht
Leitfaden für Mieter und Vermieter
(0479) Von Johannes Beuthner,
196 S., kart., DM 12,80

Scheidung und Unterhalt
nach dem neuen Eherecht
(0403) Von Rechtsanwalt H. T. Drewes,
104 S., mit Karten und Unterhaltstab.,
kart., DM 7,80

Der neue Briefsteller
(0060) Von I. Wolter-Rosendorf,
112 S., kart., DM 5,80

Die erfolgreiche Bewerbung
(0173) Von W. Manekeller,
152 S., kart., DM 8,80

Reden zum Jubiläum
Musteransprachen für viele
Gelegenheiten
(0595) Von Günter Georg, 112 S.,
kart., DM 6,80

Knobeleien und Denksport
(2019) Von Klas Rechenberger, 142 S.,
viele Zeichnungen, kart., DM 7,80

Kinder und Jugendschach
Offizielles Lehrbuch zur Erringung
der Bauern-, Turm- und Königs-
diplome des Deutschen Schach-
bundes.
(0561) Von B. J. Withuis und
Dr. H. Pfleger,
144 S., 11 s/w-Fotos, 223 Abb.,
kart., DM 12,80

Spiele für Kleinkinder
(2011) Von Dieter Kellermann,
80 S., kart., DM 5,80

Hydrokultur Pflanzen ohne Erde –
mühelos gepflegt
(4080) Von Hans-August Rotter,
120 S., 67 farbige und s/w-Abb. sowie
Zeichnungen, geb., DM 19,80

Tennis
Technik – Taktik – Regeln
(0375) Von Harald Elschenbroich,
112 S., 81 Abb., kart., DM 6,80

Wie soll es heißen?
(0211) Von Dr. Köhr,
88 S., kart. DM 5,80

Beliebte und neue **Kegelspiele**
(0271) Von Georg Bocsai,
92 S., 62 Abb., kart., DM 4,80

So lernt man leicht und
schnell Maschinenschreiben
Lehrbuch für Selbstunterricht und
Kurse
(0568) Von Jean W. Wagner, 80 S.,
31 s/w-Fotos, 26 Zeichnungen,
kart., Spiralbindung, DM 19,80

Poesiealbumverse
Heiteres und Besinnliches
(0578) Von Anne Göttling, 112 S.,
20 Abb., Pappband, DM 14,80

Hochzeitszeitungen
Muster, Tips und Anregungen
(0288) Von Hans-Jürgen-Winkler,
mit vielen Text- und Gestaltungs-
anregungen, 116 S., 15 Abb.,
1 Musterzeitung, kart., DM 6,80

Von der Verlobung
zur Goldenen Hochzeit
Vorbereitung – Festgestaltung –
Glückwünsche
(0393) Von Elisabeth Ruge, 120 S.,
kart., DM 6,80

Bruce Lees Kampfstil 2
Selbstverteidigungs-Techniken
(0486) Von Bruce Lee, M. Uyehara,
128 S., 310 Fotos, kart., DM 9,80

Schmetterlinge
Tagfalter Mitteleuropas erkennen
und benennen
(0510) Von Thomas Ruckstuhl, 156 S.,
136 Farbfotos, kart., DM 16,80

Falken-Handbuch Pilze
Mit über 250 Farbfotos und Rezepten
(4061) Von Martin Knoop, 276 S.,
250 Farbfotos, 28 Zeichnungen,
gbd., DM 36,–

Falls durch besondere Umstände Preisänderungen notwendig werden, erfolgt Auftragserteilung zu dem bei der Lieferung gültigen Preis.

Beeren und Waldfrüchte
erkennen und benennen –
eßbar oder giftig?
(0401) Von J. Raithelhuber, 136 S.,
90 Farbfotos, 40 s/w., kart., DM 16,80

Arzneikräuter und Wildgemüse
erkennen und benennen
(0459) Von J. Raithelhuber, 140 S.,
108 Farbfotos, kart., DM 14,80

Tee
Herkunft · Mischungen · Rezepte
(0515) Von Sonja Ruske, 96 S.,
4 Farbtafeln, viele Abbildungen,
Pappband, DM 9,80

Herrenwitze
(0589) Von Georg Wilhelm, 112 S.,
11 Zeichnungen, kart., DM 5,80

Selbst Brotbacken
mit über 50 erprobten Rezepten
(0370) Von Jens Schiermann, 80 S.,
mit 6 Zeichnungen und 4 Farbtafeln,
kart., DM 6,80

Kalorien · Joule
Eiweiß · Fett · Kohlenhydrate
tabellarisch nach gebräuchlichen
Mengen
(0374) Von Marianne Bormio, 88 S.,
kart., DM 5,80

Zimmerpflanzen
(5010) Von Inge Manz, 64 S.,
98 Farbabb., Pbd., DM 11,80

Die 12 Sternzeichen
Charakter, Liebe und Schicksal
(0385) Von Georg Haddenbach,
160 S., gbd., DM 9,80

Möbel aufarbeiten, reparieren und pflegen
(0386) Von E. Schnau-Lorey,
96 S., 104 Fotos und Zeichnungen,
kart., DM 6,80

Liebeshoroskop für die 12 Sternzeichen
Glück und Harmonie mit ihrem
Traumpartner.
Alles über Chancen, Beziehungen,
Erotik, Zärtlichkeit, Leidenschaft.
(0587) Von Georg Haddenbach, 144 S.,
12 Zeichnungen, geb., DM 6,80

Einkochen
nach allen Regeln der Kunst
(0405) Von Birgit Müller, 96 S.,
8 Farbtafeln, kart., DM 6,80

Die besten Tierwitze
(0496) Herausgegeben von
Peter Hartlaub und Silvia Pappe,
112 S., 25 Zeichnungen, kart., DM 5,80

Bodybuilding
Anleitung zum Muskel- und
Konditionstraining für sie und ihn
(0604) Von Reinhard Smolana, 160 S.,
172 Fotos, kart., DM 9,80

Moderne Schmalfilmpraxis
Ausrüstungen · Drehbuch · Aufnahme
Schnitt · Vertonung
(4043) Von Uwe Ney, 328 S., mit über
200 Abb., teils vierfarbig,
gbd., DM 29,80

Windsurfing
Handbuch für Grundstein und Praxis
(5028) Von Calle Schmidt, 64 S.,
über 50 Abb., durchgehend vierfarbig,
Pbd., DM 12,80

Reiten
vom ersten Schritt zum Reiterglück
(5033) Von Herta F. Kraupa-Tuskany,
64 S., mit vielen Zeichnungen und
Farbabb., Pbd., DM 12,80

Gitarre spielen
Ein Grundkurs für den Selbstunterricht
(0534) Von Atti Roßmann, 96 S.,
1 Schallfolie, 150 Zeichnungen,
durchgehend zweifarbig,
kart., DM 19,80

Bauernmalerei
leicht gemacht
(5039) Von Senta Ramos, 64 S.,
78 vierfarbige Abb., Pbd., DM 11,80

Gestalten mit Salzteig
formen · bemalen · lackieren
(0613) Von Wolf-Ulrich Cropp, 32 S.,
56 Farbfotos, DM 6,80

Formen mit Backton
trocknen · backen · bemalen
(0612) Von Angelika Köhler,
32 S., 51 Farbfotos,
Spiralbindung, DM 6,80

Moderne Fotopraxis
Bildgestaltung · Aufnahmepraxis
Kameratechnik · Fotolexikon
(4030) Von Wolfgang Freihen, 304 S.,
mit 244 Abb., davon 50 vierfarbig,
Balacron mit vierfarbigem Schutzumschlag, abwaschbare Polylein-
prägung, DM 29,80

Falken-Handbuch Videofilmen
Systeme, Kameras, Aufnahme,
Ton und Schnitt
(4093) Von Peter Lanzendorf, 288 S.,
8 Farbtafeln, 165 s/w-Fotos,
25 Zeichnungen, geb., DM 36,–

Hobby Seidenmalerei
(0611) Von Renate Henge, 88 S.,
106 Farbtafeln, Mustervorlagen,
kart., DM 19,80

Falken-Handbuch Heimwerken
Reparieren und Selbermachen
in Haus und Wohnung –
über 1100 Farbfotos. Sonderteil:
Praktisches Energiesparen
(4117) Von Thomas Pochert, 440 S.,
1164 Farbfotos, 100 ein- und
zweifarbige Abb., geb., DM 49,–

Falls durch besondere Umstände Preisänderungen notwendig werden, erfolgt Auftragserteilung zu dem bei der Lieferung gültigen Preis.

Balkons in Blütenpracht
zu allen Jahreszeiten
(5047) Von Nikolaus Uhl, 64 S.,
82 vierfarbige Abb., Pbd., DM 12,80

Leben im Naturgarten
Der Biogärtner und seine
gesunde Umwelt
(4124) Von Norbert Jorek, 128 S.,
68 s/w-Fotos, 15 Farbtafeln,
kart., DM 12,80

Moderne Korrespondenz
(4014) Von H. Kirst und W. Manekeller,
570 S., gbd., DM 39,–

Die hier vorgestellten
Bücher sind nur eine
Auswahl aus unserem großen
Ratgeber- und Sachbuch-
programm.
Bitte fordern Sie unser
kostenloses Gesamt-
verzeichnis an.

Falken-Verlag GmbH · Postfach 1120
D-6272 Niedernhausen/Ts.

Die Frau als Hausärztin
(4072) Von Dr. med. Anna Fischer-
Dückelmann, 808 S., 16 Farbtafeln,
174 Fotos, 238 Zeichnungen, DM 58,–

Kalte Platten
(4064) Von Maître Pierre Pfister,
240 S., 135 großformatige Fotos,
gbd., DM 48,–

Backen
(4113) Von Margrit Gutta, 240 S.,
123 Farbfotos, geb., DM 48,–

Das Aquarium
Einrichtung, Pflege und Fische
für Süß- und Meerwasser
(4029) Von Hans J. Mayland, 334 S.,
über 415 Farbfotos und Farbtafeln,
150 Zeichnungen, geb., DM 39,–

Katzen
Rassen · Haltung · Pflege
(4216) Von Brigitte Eilert-Overbeck,
96 S., 82 großformatige Fotos,
Pbd., DM 19,80

Salate
(4119) Von Christine Schönherr,
240 S., 115 Farbfotos, geb., mit vier-
farb. Schutzumschlag, DM 48,–

Hunde-Ausbildung
Verhalten – Gehorsam – Abrichtung
(0346) Von Prof. Dr. R. Menzel,
96 S., 18 Fotos, kart., DM 7,80

Faszinierende Formen und Farben
Kakteen
(4211) Von Katharina und Franz Schild,
96 S., 127 großformatige Farbfotos,
Pbd., DM 19,80

Falken-Handbuch Astrologie
Charakterkunde – Schicksal, Liebe
und Beruf – Berechnung und
Deutung von Horoskopen-
Aszendenttabelle
(4068) Von B. A. Mertz, mit einem
Geleitwort von Hildegard Knef,
342 S., mit erläuternden Grafiken,
gbd., DM 29,80

**Heiltees und Kräuter für die
Gesundheit**
(4123) Von Gerhard Leibold, 136 S.,
15 Farbtafeln, kart., DM 12,80

Falls durch besondere Umstände Preisänderungen notwendig werden,
erfolgt Auftragserteilung zu dem bei der Lieferung gültigen Preis.